중국 고전 이야기

차례

Contents

들어가며

중국(中國) 그리고 고전(古典)에 대하여

우리나라와 중국은 지정학적으로 국경을 맞대고 있는 이유 때문에라도 고대 국가의 틀을 갖추기 훨씬 이전부터 여러 모로 긴밀한 관계를 가져왔을 것이 틀림없다.

세계의 중심이며, 가장 빛나는 문화를 일구었다는 의미에서 중화민족(中華民族)을 자처하였던 중국은 역사적으로 통일과 분열을 반복하면서 언제나 큰 나라를 지향하며 세계 최강의 지위를 누렸다. 하지만 지난 1세기 남짓 동안에는 근대화의 소용돌이 속에 휩쓸리다가 이제는 이른바 G2의 일원으로서 초강대국의 면모를 회복해 가고 있는 중이다.

이렇듯 세계 역사가 요동치는 새로운 조류 속에서 우리나라와 중국은 이전 어느 때보다도 관계가 더욱 도타워지고 있다. 그래서인지 정치, 경제 등 여러 방면에서 우리나라의 앞날이 중국에 달려 있다고 내다보는 전망이 요사이 점점 늘어나고 있는 듯하다. 그런 만큼 오늘의 우리들이 과거로부터 오늘에 이른 중국의 안팎을 잘 알아야 할 필요성이 나날이 커지고 있다. 그리고 그러한 중국의 역사 문화 전통이 또 다른 방면에서 우리나라의 역사 문화 전통의 한 축이 되어 발전해 온 만큼 중국의 역사와 문화는 우리 자신을 이해하는 거울과도 같다고 할 수 있다.

중국의 역사와 문화에 보이는 특징적인 요소를 몇 가지 들자면, 한자(漢字)와 유교(儒敎)를 중심으로 하는 농경문화 전통이라고 할 수 있다. 어쩌면 이 세 가지 요소는 서로 별개인 것 같지만, 아주 오래 전부터 중국의 역사와 문화에서 마치 하나의 끈처럼 엮여 중국적인 특징을 오늘날까지 이어온 줄기라고 할 수 있다. 우리가 이제부터 살펴보고자 하는 중국의 고전(古典) 역시 그러한 토대를 딛고 이루어진 중국 문화의 결정체라고 할 수 있다.

고전이라고 한다면, 지난 시대의 낡은 전통유산 정도로 여기기 십상이다. 중국 고전은 오랜 세월 동안 많은 사람들로부터 그 가치를 평가받은 인류의 문화유산이라고 할 수 있다. 오늘날 우리들에게는 흔히 오래된 것[古]은 낡은 것이니 버려야 한다는 의식이 강하다. 그렇지만 '古(고)'자를 떼어서 새겨 보면, 많다는 뜻의 '열 십(十)'자와 사람의 주요한 특징을 상징하는 '입 구(口)'자로 나누어서 이해할 수 있다. 즉 고(古)자는 오랜 세월 동안 많은 사람의 입을 통해서 이어져 온 것이라는 의미이니, 이처럼 시간과 공간을 뛰어넘어 오랫동안 전해지기 위해서는 그만한 가치를 지니고 있음을 증명하는 것이기도 하다.

고전의 '典(전)'자를 떼어서 풀어 보면, 책(冊)을 두 손으로 받들고 있는 형상으로, 책이 귀했던 그 옛날 두 손으로 받들 만큼 더욱 소중한 존재라는 의미이다. 이처럼 고전이란 오래 전부터 많은 사람이 그 가치를 인정하여 사람들의 입에서 입으로 이어져 내려오며 받들던 소중한 책이라는 의미이다. 강한 것이 오래 가는 것이 아니라 오래된 것이 강한 것이라는 말이 있다. 이처럼, 고전이란 예나 지금이나 그만한 가치를 발휘하며 지금에까지 이어 온 것이라고 할 수 있다.

기원전 5~6세기 즈음은 인류문명사에 있어서 매우 의미 있는 시기이다. 대체로 이때에 인류는 철기 시대에 접어들게 되어 철기로 된 농기구를 사용하면서 농업 생산량이 급속히 늘어나 소박한 의미에서 농업혁명을 맞아 생활사에 커다란 변화를 겪었다. 또한 철기로 된 무기를 사용하면서 전쟁이 극렬해지자 규모가 작고 세력이 약한 집단들이 사라지면서 고대국가의 면모를 차츰 갖추어 갔다.

이렇듯 인류의 고대 사회가 변화하는 즈음에 이제는 예전처럼 바동바동 일하지 않고 세상 만물의 이치를 가만히 궁리하면서 살아가는 부류가 생겨나기 시작하였다. 그들 가운데 석가모니(釋迦牟尼), 소크라테스(Socrates), 공자(孔子), 노자(老子)와 같은 이들은 '인간다움'이 진정 무엇인지를 깨우치면서 이들로부터 이른바 '인간 중심의 문화' 즉 인문학(人文學)이 싹트게 되었던 것이다.

서구의 경우, 지중해를 중심으로 학문으로서 철학(哲學)이 태동하여 근대 이후 르네상스(Renaissance: 인문주의의 부활)와 더불어서 과학과 민주주의가 발전할 수 있게 한 근원이 되었다. 중국에서는 인륜(人倫)을 바탕으로 한 사상(思想)으로서 공자의 유가(儒家)나 노자의 도가(道家)가 형성되어 지난 2,000년 동안 왕조사회를 지탱하는 이념적인 바탕을 이루어 왔다. 이것이 오늘날 동서양의 사회와 문화를 다르게 이끈 단초가 된 것이다.

세계 어느 나라도 마찬가지이겠지만, 한 나라의 역사와 문화가 과거와 완전히 단절된 채 오늘에 다다른 예는 없을 것이다. 중국의 역사와 문화 역시 과거로부터 오늘날까지 매우 끈끈하게 맺어진 채 발전을 이어 오고 있다고 할 수 있다. 즉 고전은 단지 오늘날 교양지식의 한 구석을 채우는 역할 뿐만 아니라 오랜 세월 동안 인간이 인간답게 살아온 자취의 정수라고 할 수 있다.

옛것을 잘 되새겨 새로이 올 것을 안다는 의미의 '온고지신(溫故知新)'이나, 지난 일을 잘 계승하여 올 것을 연다는 의미의 '계왕개래(繼往開來)'라는 말에서도 알 수 있듯이, 온고(溫故)와 계왕(繼往)은 옛것과 지난 것을 단순한 호기심이나 지식을 쌓기 위한 수단이 아니라 오늘의 인간과 사회를 이해하고 더 나은 내일을 열기 위한 '지신(知新)'과 '개래(開來)'를 위한 바탕인 것이다.

중국의 인문주의는 주(周)나라 춘추전국(春秋戰國) 시대에 비로소 열렸다고 평가할 수 있다. 이 책에서는 춘추전국이라는 전란의 소용돌이 속에서 학술과 사상의 자유를 구가하며 나타난 여러 선생님들의 온갖 학술 사상인 제자백가(諸子百家)의 사상 가운데에서 유가(儒家), 도가(道家), 묵가(墨家) 및 법가(法家)와 같은 사상서 방면의 고전들을 엄선하였다.

이들은 중국의 인문정신이 싹트고 형성되어 발전하게 한 사상 방면의 논저들이다. 이로부터 중국의 시대정신이 어찌 형성되어 발전해 왔으며, 오늘날 우리들에게 중국 고전이 어떤 의미를 가지고 있는지 이해하는 기틀로 삼고자 한다.

논어(論語), 공자의 말씀

'공자'라고 하면, 아마도 어질게 살라는 인(仁) 사상을 설파한 아주 먼 옛날의 성스러운 스승쯤이거나 현실을 외면한 채 뒷짐을 지고 '에헴'거릴 줄만 아는 고리타분한 선생쯤으로 기억하는 이가 많을 것이다. 그렇지만 공자 역시 출생에서부터 성장 과정, 그리고 온갖 인생 역정에 이르기까지 한 시대를 온몸으로 껴안고 고뇌하며 살았던 한 인간이었다.

공자(B.C. 551~B.C. 479)는 주(周, B.C. 1046~B.C. 221)나라 춘추(春秋) 시대 노(魯) 제후국[지금의 산동성 곡부(山東省 曲阜)] 사람으로서 자(字)는 중니(仲尼)이고, 이름은 구(丘)이다. 공자의 '아들 자(子)'자는 선생님이라는 뜻의 접미사이니, 공자는 '공 선생님'이라는 의미이다.

공자의 아버지 숙량흘(叔梁紇)은 첫째 부인 시씨(施氏)에게서 딸 아홉만을 두었고, 둘째 부인이 아들을 낳기는 하였지만, 다리에 장애가 있었다. 그래서 공자의 아버지는 번듯한 아들을 하나 얻고자 하여 60대 후반의 나이에 스물이 채 안 된 안징재(顏徵在)를 맞아서 겨우 얻은 이가 공자이다. 그래서 사마천(司馬遷)은 『사기(史記)』에서 공자 부모의 관계가 정상적이지 못했다고 해서 공자를 "야합하여 낳았다[野合而生]"라고 하였다.

공자는 3세 때 아버지를 여의고, 17세 때 어머니마저 세상을 떠났다. 태생적으로 아버지의 첫째 부인 시 씨로부터 환영을 받지 못했던 공자는 생계를 위해서 창고를 관리하거나, 가축을 맡아 기르는 등 미천한 일도 마다하지 않았다. 그런 중에서도 공자는 늘 공부하며 실력을 쌓았는데, 그의 학문과 정치적인 능력이 알려지면서 50세가 넘어서야 노(魯) 제후국에서 법률을 담당하는 재판관인 대사구(大司寇)가 되었다.

그의 정치적인 능력을 시기하던 이웃 제(齊)나라의 방해 공작과 정사에 게을렀던 노나라 조정에 실망하여 공자는 곧바로 자리에서 물러났다. 그 후 14년 동안 제자들과 함께 여러 제후국으로 유세(遊說)를 다니며 자신의 이상이었던 인(仁)의 정치를 실현하고자 하였다. 그러나 끝내 뜻을 이루지

못하고 고향에 돌아가 성현들의 말씀을 정리하고 제자들을
가르치는 데에 전념하다가 74세에 인생을 마쳤다.

우리는 흔히 공자가 이른바 대단히 명예로운 집안에서 매
우 성스러운 혈통을 지닌 채 태어났다거나, 옛날 왕조사회
에서 서자(庶子)를 차별하여 혈통의 순수성을 매우 중시하는
전통이 공자의 유교로부터 나온 것이라고 알고 있다. 하지만
그것은 후대에 제한된 관직을 독점하려는 기득권자들이 공
자의 이름을 빌미로 억지로 지어낸 것일 뿐이다.

공부라는 것이 기쁜 이유

공자의 사상과 언행은 『논어(論語)』를 통해서 살필 수 있
다. '논의하여 모은 말씀'이라는 의미인 '논어'라는 명칭에서
알 수 있듯이, 실제로 『논어』는 공자가 죽은 다음 그의 제자
나 그들의 제자들이 공자의 언행을 모아 기록한 것이다. 다
시 말해 공자가 직접 저술한 것은 아니며, 한 시대에 어느 특
정인에 의해서 완성된 것도 아니다.

『논어』는 「학이(學而)」편에서 「요왈(堯曰)」편까지 모두
20편으로 이루어졌으며, 각 편의 첫 마디를 따서 그 편의 이
름으로 삼았다. 「학이」편 제1장 첫 구절에서 "배우고 늘 그
것을 익히면, 참으로 기쁘지 않겠느냐[學而時習之, 不亦說乎]"

라고 한 대목에서 '학이(學而)'라는 편명을 따왔는데, 『논어』의 문장은 간결하면서도 수사적(修辭的)인 묘미를 통해서 함축성이 있으며, 학문과 덕행을 꾸준히 닦는 것이야말로 어진[仁] 인간으로서 도리를 다할 수 있는 요체라는 것을 거듭 강조하고 있다.

번듯한 집안에서 떳떳한 혈통을 가지고 태어나지도 못했던 공자가 인류의 스승이 될 수 있었던 이유는 무엇일까? 『논어』의 첫 장에서 배우고 익히는 것이 자신의 기쁨이라고 하였던 것처럼, 학습(學習)은 공자 자신의 기쁨일 뿐만 아니라 인간을 인간답게 하는 인(仁)과 예(禮)로 나아가게 하는 과정이라고 할 수 있다.

공자는 "가르침에 있어서 부류를 구분하지 않는다[有教無類]"라고 하여서, 그때까지 특정한 지배계층의 전유물이었던 학문이라는 영역의 벽을 헐고 배우기를 원하는 누구에게나 교육의 기회를 주고자 하였다. 따라서 공자의 제자 가운데에는 평민 출신은 물론 백정과 같이 천한 출신들도 있었다.

또 공자는 스스로 자신이 "태어나면서부터 모든 것을 다 알았던[生而知之]" 영험한 존재가 아니라 다만 "사람들을 가르치는 것에 게을리하지 않는[誨人不倦]" 선생일 뿐이라고 술회하였다. 이처럼 공자는 인간이 쉼 없는 배움을 통해서만 인간다워질 수 있으며, 조화로운 인간사회에서 어진 일원이 되어야 한다고 여겼다. 『논어』에 나타난 공자 사상의 핵심은 학습을 통한 인간성의 회복을 추구한 인간 중심주의라고 할 수 있다.

착하다는 것과 예를 안다는 것

공자 사상의 핵심은 인(仁)과 예(禮)이다. 인이란 부모에 대한 효도(孝道)와 형제에 대한 우애를 중심으로 이웃들에게까지 사랑을 두루 미친다는 뜻이고, 예란 인간사회에서 윗사람과 아랫사람이 두루 조화롭게 살아가기 위한 사회규범이라고 할 수 있다.

인(仁)은 '사람[亻]이 둘[二]'이라는 뜻으로 매우 단순하다. 흔히 사람이란 혼자서는 살아갈 수 없는 존재이기 때문에 서로 의지하며 사는 존재라는 뜻에서 '사람 인(人)'자가 작대기 두 개를 서로 기대어 놓은 형상이라고 풀이하기도 한다. 하지만 이때 '사람 인(亻)'자의 원래 모습은 사람이 팔을 오므리고 서 있는 모양을 곁에서 보고 그린 상형문자이며, '두이(二)'자와 합한 인(仁)자는 두 사람이 서로 어떤 관계를 맺어야 하는가를 규정하는 개념이라고 할 수 있다.

그런데 중국과 같은 농경사회에서 제한된 토지를 근거로 살아가야 하는 많은 사람들이 그나마 최소한의 행복을 누리기 위해서는 서로 이해하고 용서하는 너그러운 삶의 태도가 중요했던 것이라서 '두 사람'이라는 뜻의 인(仁)자를 두 사람 사이에 이른바 '착한 관계'의 개념을 보태어서 '어질 인'이라고 포괄하여 풀이하는 것이라고 할 수 있다.

오늘날 우리는 예(禮)가 위와 아래 사이를 가르는 엄격한 규정이라고 여기지만, 실제로는 많은 사람들이 어우러져 살아야 하는 사회를 유지하기 위한 '조화로운 질서의식'이다. 이것이 삼강오륜(三綱五倫)에서 말하듯이, 가정에서 부모, 부부, 형제와 같이 가장 가까운 두 사람으로부터 사회에 나아가서는 친구나 임금, 신하와 같은 관계에까지 확대하고자 하는 것이니, 인과 예가 본디 같은 의미에서 생겨난 개념이라고도 할 수 있다.

공자는 이와 같은 인과 예의 요소를 한층 확대해서 정치 방면에서는 자신이 맡은 직분을 다해야 한다는 의미에서 "임금은 임금답고, 신하는 신하답고, 아비는 아비답고, 자식은 자식다워야 한다[君君, 臣臣, 父父, 子子]"라는 정명(正名) 사상을 앞세우고, 경제 방면에는 물질적인 이익보다 신의(信義)를 앞세워 백성을 골고루 평안하게 할 수 있는 '평천하(平天下)'의 이상사회로 나아가자는 것이라고 요약할 수 있다.

군자다운 그릇

『논어』「위정(爲政)」편에 "군자는 그릇이 아니다(君子不器)"라는 구절이 있다. 이 구문이 비교적 간단해서인지 군자다운 인품을 비유해서 말할 때 흔히 일컫는다. 그렇지만 "군자는 그릇이 아니다"라는 해석보다는 "군자는 그릇답지 않다"라고 해야 좀 더 정확하다.

흔히 어떤 사람의 도량이 크고 작음을 평가할 때 그의 그릇이 어떠하다는 식으로 말하곤 하지만, 군자불기(君子不器)에서 말하는 그릇이란 이미 고정된 어떤 형태의 틀을 갖추고 있다는 것이다. 따라서 여기에서의 그릇이란 이미 네모나게 혹은 둥글게 지어진 한 가지만의 쓸모를 위해서 존재하는 것이라는 뜻에서 말한다. 즉 '군자불기'는 군자란 한 가지 쓰임에만 기울어 있거나 제한된 존재가 아니라는 말이다.

유학(儒學)의 유(儒)자를 흔히 '사람 인(人)'자와 '필요할 수(需)'자로 이루어져 있는 것으로 풀이해서 유가 사상이 주로 논의하고 지향하는 방면이 내세(來世)나 신(神)의 영역보다는 현실사회에서 사람이 사람답고 행복하게 사는 것에 관한 것이라고들 설명하기도 한다. 이러한 풀이가 완전히 틀렸다고는 할 수 없지만, 중국 최초의 한자 자전(字典)인 『설문해자(說文解字)』에서 유(儒)는 '부드럽다'는 뜻의 유(柔)의 의미라고 풀었다. 즉 유가(儒家)의 '儒'자가 어느 한쪽에 얽매이거나 굳어져 경직된 상태가 아니라 어떠한 상황에서도 잘 판단하여 능숙하게 대처해 나아갈 줄 아는 것이라는 뜻이다. 이러한 측면에서 보자면, 어느 한쪽으로 기울거나 편당을 짓지 않는다는 뜻인 '불편부당(不偏不黨)'의 중용(中庸) 정신과도 통하는 것이다.

그래서 공자는 「위정(爲政)」편에서도 "군자는 두루 하며, 편당(偏黨)을 짓지 아니하며, 소인은 편당을 짓고 두루 하지 않는다[君子周而不比, 小人比而不周]"라고 하여, 군자와 소인의 경계를 가르기도 하였다.

유가에서 말하는 이상적인 인간상인 군자란 앞뒤가 꽉 막혀 '에헴'거리고 헛기침하며 뒷자리에 물러나서 폼만 잡는 고리타분한 흉물이 아니라 시대와 상황의 변화에 잘 대처해 나갈 줄 아는 새 시대의 교양인이라고 봐야 할 것이다.

학습이 부와 명예를 성취하기 위한 도구로 전락한 오늘날 우리들은 공자를 봉건왕조 시대의 잔재이며, 근대 시민사회로 나아가는 데에 걸림돌이었다고 하여 부정적으로 평가하거나 아니면 인류의 영원한 스승이라고 무턱대고 숭배하는 경향이 있다. 분명 공자의 시대와는 확연히 달라진 오늘날 우리들에게 공자와 그의 사상이 우리들에게 과연 어떤 의미로 다가오는가를 되새겨 보아야 할 때이다.

주역(周易), 해가 뜨고 달이 지듯이

　『주역(周易)』은 『시경(詩經)』, 『서경(書經)』과 더불어서 유가의 세 경전(經典) 가운데 하나로서 천지 만물이 변화하는 현상과 원리를 풀이한 경전이다. 흔히 『역경(易經)』이라고도 부르며, 주(周)나라 때 사람들이 이것을 가지고 점을 쳤다고 해서 『주역』이라고 한다.

　『주역』은 본문에 해당되는 경(經)과 본문 풀이에 해당되는 전(傳), 그리고 몇몇 해설로 구성되어 있다. 중국 고대 전설 상의 제왕인 삼황오제(三皇五帝) 가운데 복희씨(伏羲氏)가 황하(黃河)에서 용마(龍馬)가 지고 나왔다는 그림인 하도(河圖)를 보고 8괘(卦)를 고안하였다. 그리고 주(周)나라 건국의 기

틀을 세운 주문왕(周文王, B.C. 1152~B.C. 1056)이 이것을 참조하여 8괘의 해설을 지었으며, 공자가 그것들을 해설한 십익(十翼)을 붙였다고 한다.

주역은 그 기본 요소인 음효(--)와 양효(—)가 각각 3개씩 조합하여 8괘로 삼아서 각각 건(乾 ☰), 태(兌 ☱), 이(離 ☲), 진(震 ☳), 손(巽 ☴), 감(坎 ☵), 간(艮 ☶), 곤(坤 ☷)이라 이름을 지었다. 이것을 다시 위아래로 2개씩 겹쳐서 64괘가 된다. 이들 각각의 괘가 6개의 효(爻)로 이루어져 있으므로 64괘의 효는 모두 284개이다. 이것들을 해설한 괘사(卦辭)와 효사(爻辭)에 따라 길흉화복을 점치는 것이다.

역이 지어진 이유

한편 『주역』에서는 사람이 어째서 말하고 글을 쓰는 것인가 하는 문제와 관련하여 인간이 자신의 뜻을 전달하는 도구인 언어와 문자의 상관작용에 대하여 설명하기도 하였다. 글로는 자신의 말을 다 나타낼 수 없으며, 말로도 자신의 뜻을 다 표현하지 못하기 때문에 성인(聖人)이 상(象)을 세워서 뜻을 다 표현하게 하였고, 괘(卦)를 설정하여서 사물의 옳고 그름을 밝히고자 한다고 하였다. 이것은 세상일이나 사람의 생각을 말과 글로는 바르고 정확하게 전할 수 없기 때문에 성인이 주역에 상과 괘를 두어서 우주 만물의 신묘한 이치를 밝힌다는 것이다.

그런데 가로로 그은 획인 음효와 양효, 그리고 그 둘이 조합하여 만든 괘를 보고 천지 만물의 변화를 알아내고 길흉을 판단하는 점을 친 것이다. 긴 가로획과 짧은 가로획 두 개를 합한 괘에 우주 만물의 이치가 담겨 있다고 하는 것을 수긍하기는 쉽지 않은 듯하다. 다만 우주 만물의 이치라는 것이 음과 양이 서로 어우러지는 작용을 통해서 이루어진 것처럼, 천지가 생성되고 만물과 더불어서 인간 남녀가 태어나 살아가는 것 역시 그와 같은 이치라고 한다. 그래서 8괘마다 각각 자연물과 인간사를 대입하여 설명하는 것을 통해서 자연과 인간이 별개가 아닌 하나라는 의식이 강하게 반영되어 있다.

예를 들면 건(乾 ☰)괘는 하늘이면서 아버지를 상징하고, 곤(坤 ☷)괘는 땅이면서 어머니를 상징하는데, 진(震 ☳)괘는 아버지와 어머니의 첫 교감을 통해서 태어난 장남이며, 손(巽 ☴)괘는 장녀를 상징한다는 방식으로 설명하고 있다. 이렇듯 자연계에 하늘과 땅의 조화가 있듯이, 인간의 세상에도 남녀의 교합을 통한 음양의 조화로 세상의 이치를 설명한다. 이러한 해석의 방식이 고대 중국인들의 우주관이나 윤리의식 등을 형성하는 데에 매우 중요한 작용을 하였다.

주역은 논리적으로 이해하기 어려워서 매우 신비로운 색채가 강한 것이 사실이다. 그런데 공자가 노년에는 주역의 탐독을 통해서 세상 이치를 꿰고 싶어 했다고 하며, 19세기 독일의 철학자 헤겔(Georg W. F. Hegel) 역시 『주역』을 연구하고 응용하여 정반합(正反合)의 논리를 창시하였다고 알려져 있다. 이처럼 『주역』의 논리는 오늘날까지도 사회 각 방면뿐만 아니라 자연과학의 분야에까지도 두루 이론적 원리를 담고 있다고 평가받는다. 다만 정반합의 원리가 역사의 발전을 전제로 삼고 있다면, 『주역』의 변화 논리는 순환하는 것이라는 점이 다르다고 할 수 있다.

역에 대하여

한자의 생성 원리와 쓰임을 풀이한 책인 『설문해자』에는 '易(역)'자가 도마뱀의 형상을 본뜬 것이라고 하였다. 즉 '易(역)'자의 윗부분[日]이 도마뱀의 머리이고, 아래쪽[勿]은 발과 꼬리를 나타내고 있다고 본 것이다. 여기에서 도마뱀은 일종의 카멜레온인데, 이것이 주변 환경의 변화나 필요에 따라서 자기 몸의 빛깔을 자유자재로 바꾸기 때문에 '易'의 모양이 된 것이다.

이것은 또한 상황의 변화에 잘 대응하여 대처할 줄 알아야 한다는 중용(中庸)의 교훈을 일깨우는 것이기도 하다. 그래서 당(唐)나라 때 궁궐에서 카멜레온을 사육한 것은 그가 자유로이 변신하는 덕목을 본받으려던 것이라고 한다.

또 '易'자 윗부분의 '日'은 태양으로, 아래쪽인 '勿'은 달 월(月)의 모양이라고 유추할 수 있다. 그러니 마치 해와 달이 뜨고 지는 것처럼, 역(易)자는 우주 만물이 늘 변화하고 있다는 것을 상징적으로 나타낸다고도 풀이할 수 있다.

송(宋)나라 때 주희(朱熹)도 역(易)의 의미를 '교역(交易)과 변역(變易)'이라고 하여 모든 세상 만물이 변하는 것을 담았다고 여겼다. 그리고 그렇듯 변화하는 양상에는 음과 양의 기운이 서로 어우러지며 영향을 미치는 이법(理法)이 있다고 보았다. 주희는 계절이 변하고 해와 달이 번갈아 떠서 세상을 밝히듯이, 인간 세상에도 모든 일과 사물이 일정한 변화의 양상을 띠고 있으며, 그러한 원리는 매우 간단한 이치를 띠고 있다고 보았다.

그래서 '易'자가 무역(貿易)이라고 할 때에는 '바꿀 역(易)'의 뜻이고, 용이(容易)하다고 할 때에는 '쉬울 이(易)'라고 읽는다. '易'자에는 세상 만물이 변하는 이치와 함께 그러한 이치는 깨우쳐서 따르기 쉽다는 뜻도 담겨 있다고 할 수 있다.

변한다는 의미

　세상 만물의 이치가 움직이고 변화한다는 것은 오늘의 우리들에게는 어떤 의미일까? 유가 경전의 하나인 『주역』을 통해서 우주 만물이 변화하는[易] 원리를 탐구하여, 세상 만물의 하나인 우리 인간 역시 세상이 변화하는 이치를 잘 깨닫고 실천할 수 있어야만 삶을 온전히 할 수 있다고 여긴 것이다.

　실제로 『주역』의 첫 괘인 건괘(乾卦) 초구[初九: 각 괘는 6개의 효로 구성되어 있는데, 맨 아래 효를 초(初)라고 일컫는다. 그것이 양(陽)이면 구(九)라고 하고, 음(陰)이면 육(六)이라고 한다. 그러므로 '초구'라고 부르는 것은 맨 아래 효가 양효라는 뜻이다]를 풀이한 효사(爻辭)에는 "물에 잠긴 용이니, 쓰지 마라[潛龍勿用]"라고 하였다. 이것은 인격을 제대로 갖추지 못하였다면, 함부로 세상에 나아가 뜻을 펼치지 말아야 한다는 의미를 담고 있다. 마치 아직 적절한 시기가 되지 않은 경우 함부로 나서지 말고 좀 더 배우고 역량을 기르라는 교훈이다.

　또 건괘의 여섯 번째 효인 상구[上九: 밑에서 두 번째 효를 이(二)라 하고, 세 번째는 삼(三), 네 번째는 사(四), 다섯 번째는 오(五), 여섯 번째는 상(上)이라고 한다. 그러므로 상구(上九)는 그 괘의 맨 위인 여섯 번째 효가 양효라는 뜻이다]의 효사에는 "끝까지 올라간

용은 뉘우침이 있을 것이다[亢龍有悔]"라고 하였다. 이것은 최상의 지위까지 올라간 용은 더 이상 오를 데가 없으니, 이제는 내려가는 길밖에 없어 결국 후회하게 되고 만다는 의미이다. 즉 지금 최상의 자리에 도달하여 아무리 부귀하고 영예로워도 결국은 떨어질 수밖에 없는 것이므로 모든 일에 스스로 삼가야 한다는 것을 비유한 것이다. 이처럼 『주역』의 논리는 모든 일의 사리에 밝아서 총명하게 일을 잘 처리하여 자기 자신을 잘 보존하는 명철보신(明哲保身)의 지혜를 일깨워 주고 있다고도 할 수 있다.

『주역』의 어제와 오늘

이제껏 우리들은 흔히 변화하는 세상 이치에 눈을 뜨지 못해서 이래저래 곤욕을 치른 경우가 많았다. 지난 19세기 우리나라나 중국은 근대화의 파고가 넘실대던 세계의 조류에 제대로 대처하지 못해 이리저리 휩쓸리던 안타까운 때가 있었다. 일본은 진작부터 유럽과 통상을 하며, 변화하는 세계에 대응하여 근대화에 성공하였던 것과 달리, 우리 조선과 중국은 이미 지나 버린 왕조 시대의 이념을 끌어안고 버티다가 지난 세기 내내 온갖 좌절과 굴곡진 역사의 수레바퀴에 휘둘려야만 하였다.

중국 상해(上海)에는 일제강점기 시절 독립운동을 하던 생생한 기록들을 모아 둔 임시정부 청사 기념관이 있다. 그 청사 출구 벽에는 "변하지 않는 것으로써 온갖 변화에 대응한다[不變應萬變]"라는 백범 김구(金九) 선생의 친필 액자가 걸려 있다. 이 글씨는 1945년 가을 김구 선생이 해방을 맞은 조국으로 돌아오기 전날 저녁에 쓰셨다고 한다. 당시 조국의 해방은 김구 선생에게 벅찬 감동과 함께 새로이 맞는 세상에 대한 기대와 각오를 다지게 하였을 것이다.

언뜻 보기에 "불변응만변(不變應萬變)"은 변하지 않는 절대진리로써 당시 온갖 부조리한 세상 행태에 굳건히 맞서겠다는 독립투사로서의 굳건한 의지를 보인 것이라고도 할 수 있다. 그렇지만 이 말은 조선 말기 격동하는 세계 조류를 외면한 채 이웃 일본에게 나라를 빼앗기는 수모를 당하면서도 아무런 대책도 없이 그저 강건하기만 했던 선비들의 기상과 다를 것이 없다는 느낌을 지우기 힘들다.

공자 사상의 주요 이념의 하나인 중용(中庸)을 주희(朱熹)는 지나치지도 모자라지도 않은 평상의 도리라고 풀이하였고, 유가(儒家)의 유(儒)자를 『설문해자』에서는 '부드럽다' '유연하다'라는 뜻의 유(柔)자와 같다고 풀이하였다. 이처럼 본디 유가에서도 현실사회에 대한 유연한 적응을 매우 중시하였는데, 어째서 조선의 선비들은 '세상의 변화'를 그처럼 극단적으로 거부하였던 것일까? 오늘의 세상만사가 어제로부터 와서 내일로 가듯이, 그러한 변화의 흐름을 한껏 잘 살피는 지혜가 필요한 듯하다.

맹자(孟子), 왕다운 정치를 위하여

　맹자(B.C. 371~B.C. 289년 경)는 전국 시대(戰國時代) 제자백가의 한 사람으로서 공자의 유가 사상을 계승하였다. 유가를 '공맹의 가르침[孔孟之敎]'이라고 부를 정도로 맹자의 사상은 공자와 함께 유가의 정통으로서 계승되어 중시되고 있다. 당시 맹자는 도덕 중심의 왕도(王道)정치를 실현하기 위해서 각 지방의 제후(諸侯)들에게 유세를 다녔었다. 그런데 아무도 채택하여 주지 않자 자신의 뜻을 이루지 못하고 노년에는 고향에 은거하여 저술과 교육에 힘썼다. 이처럼 맹자의 인생 역정은 공자와 닮은 구석이 매우 많다.

　사마천의 『사기』에는 맹자가 추(鄒: 지금의 산동성) 지방 사람으로서 공자의 손자인 자사(子思)의 제자에게서 배웠다는 정도만 전하고 있다. 그리고 맹자가 「진심(盡心)」 하편에서 자신의 시대가 공자로부터 100여 년이 흘렀다고 언급한 것이나, 「진심(盡心)」 상편에서 자신이 공자가 살던 곳에서 매우 가까운 데 있다고 말한 것으로 보아, 맹자는 공자와 같은 노(魯) 지역 출신으로서 공자의 유가 사상에 깊은 영향을 받으면서 자랐다는 것을 알 수 있다.

이곳에서 공자나 맹자와 같은 성인(聖人)이 연이어 출현하게 된 이유는 그곳이 주(周)나라의 건국을 주도하고 주(周)대 문화의 근간을 세웠던 주공(周公) 단(旦)이 분봉을 받아 다스렸던 곳이었기 때문에 가능했던 것이다.

게다가 부근의 제(齊)나리 수도였던 임치(臨淄)에는 제환공(齊桓公) 시절 전국 각지에 있는 학자들을 초빙하여 자유로이 토론하며 강의하던 직하학궁(稷下學宮)이라는 학술연구원이 있었는데, 맹자 역시 이곳에서 여러 학자들과 함께 교류하면서 자신의 학문과 사상을 정립하였다고 한다.

맹자의 어머니

오늘날 우리들에게는 맹자보다는 그의 어머니가 한층 더 친숙한 것이 사실이다. 자식 교육을 위해서 세 번이나 이사를 다녔다는 '맹모삼천지교(孟母三遷之敎)'나 맹자가 더욱 열심히 공부할 것을 독려하기 위해 짜고 있던 베를 끊어서 중단 없이 공부를 하라고 일깨웠다는 '단기지교(斷機之敎)'와 같은 재미있는 이야기들이 오늘날 잘 알려져 있다.

그렇지만 맹자의 어머니와 관련된 그 이야기들은 한(漢)나라 때 유명한 학자였던 유향(劉向, B.C. 77~B.C. 6)이 여러 여인의 전기를 모아 편찬한 『열녀전(列女傳)』에 나오는 것으로 맹자의 어머니를 오늘날까지 자식 교육을 잘 시킨 현모양처의 표본으로 인식시킨 계기가 된 것이다.

일찌감치 공자가 "배우고 그것을 늘 익히면 참으로 기쁘지 아니한가[學而時習之不亦說乎]"라고 하여서 늘 공부하는 것이 인간답게 하는 것이라고 일깨운 것처럼, 오늘날 부모들이 이른바 좋은 학군을 좇아서 강 너머까지 이사 가는 것으로 부족해서 아예 멀리 다른 나라까지 휩쓸고 다니고 있다. 이 모든 것이 그저 자식 교육 때문이라는 빌미를 준 것이 아마 맹자의 어머니가 아닌가 싶다. 이만큼 오늘날까지 우리 사회의 교육에 관한 열풍은 공자와 맹자로부터 나온 것이라고 해도 지나치지 않다.

그런데 맹자의 어머니가 맹자에게 좋은 교육 환경을 마련해 주기 위해서 이리저리 이사 다니는 것을 마다하지 않았다고 해서 오늘날까지 맹자의 어머니를 현모양처의 표본으로 자리매김할 수 있을까?

실제로 맹모삼천의 이야기에서 맹자네는 세 번이 아니라 두 번밖에 이사하지 않았다. 장례터에서 시장으로, 그리고 서당이 있는 곳으로 이사하였다. 여기에서 이사를 한 횟수가 세 번이라고 한 것은 여러 번이라는 의미이며, 좋은 교육 환경을 확보하기 위해서 애썼다는 자체가 중요한 것이라고 할 수 있다. 맹자네가 이처럼 이사를 자주 다녀야만 했던 이유는 무엇일까?

『사기』의 공자에 관한 기록에는, 할아버지와 아버지에 대한 것이 있던 것에 비하여 맹자의 경우에는 아버지에 대한 기록이 없다. 이것은 아마도 맹자의 아버지가 별 볼 일 없는 신분이었거나, 맹자의 어머니도 공자의 어머니처럼 내세울 것 없는 매우 낮은 처지였기 때문에 맹자를 낳고 오로지 자식 하나만 바라보고 떠돌 수밖에 없었던 처지가 아니었나 싶다. 맹자 아버지가 귀족 가문이고 어머니가 떳떳한 신분이라면, 혹시라도 아버지가 일찍 죽었다고 해도 남긴 재산이나 토지가 있었을 터이니, 맹자와 어머니가 그처럼 여기저기 떠돌 필요는 없었을 것이기 때문이다.

맹자의 어머니가 자식에게 좋은 교육 환경을 마련해 주기 위해서 이사할 생각이 있었다면, 어째서 처음부터 서당 근처로 이사해서 진작 맹자에게 잘 공부할 수 있는 환경을 마련해 주지 않았던 것일까? 어쩌면 남편도 없이 자식을 홀로 키워야 했던 입장에서 집안의 생계를 위해 돈을 벌어야 했기 때문에 시장 근처로 이사를 했던 것은 아닐까?

좋은 배경 집안의 자손도 아니고 이래저래 먹고살기 어려운 상황이라면, 누구나 먹고살기 위해서는 그리 해야만 할 것이다. 그렇지만 맹자의 어머니는 먹고사는 일보다 공부가 더 중요하다고 여겼기 때문에 시장 근처에 마련했던 거처를 포기하고 서당 근처로 이사한 것이라고 추정할 수 있다.

셋째 부인이라고 부르기에도 민망한 나이 어린 어머니에게서 태어난 공자가 온갖 고생을 하며 스스로의 노력만으로 성인의 반열에 올랐던 것처럼, 맹자의 출생과 성장 배경은 공자와 매우 닮았다. 마구간에서 태어나 평범한 목수의 아들로 자란 예수와 마찬가지로 공자와 맹자는 좋은 조건의 부모에게서 태어났다거나 좋은 환경 아래에서 성장한 것이 아니기 때문에 그들이 뒷날 성인으로 추앙받게 된 것에 오히려 더 큰 의미가 있다고 할 것이다.

공자는 귀족 집안의 후손이라고 하지만 이미 몰락한 상태였고, 그나마 아버지는 공자가 태어난 지 3년 만에 죽었고, 어머니 역시 일찍이 죽었다고 한다. 맹자는 아예 집안은 물론 출생에 관해서도 거의 알려져 있지 못할 만큼 변변치 못한 가정에서 아버지도, 다른 형제도 없이 홀어머니 밑에서 보내야 했으니, 그들 성인이라는 분들이 공통적으로 화목한 가정에 대한 콤플렉스를 태생적으로 타고났던 것이다. 공자와 맹자가 세우고 발전시킨 유가 사상에서 특히 가족 간의 사랑을 강조한 이유가 여기에 있지 않나 싶다.

맹자는 군자삼락(君子三樂), 즉 군자가 된 이의 세 가지 즐거움을 자주 말하였다. 세 가지 즐거움이란, 부모님이 모두 살아 계시고, 형제들이 아무 탈이 없는 것이 첫째 즐거움이고, 하늘을 우러러 한 점 부끄럽지 않고 세상 사람들에게도 역시 부끄럽지 않은 것이 둘째 즐거움이고, 세상의 인재를 거두어서 잘 가르치는 것이 셋째 즐거움이라고 하였다.

물론 맹자가 실제로 갈망하였던 것은 현실정치에 참여해서 자신의 정치 이상을 실현하는 것이었다. 하지만 맹자가 다만 부모형제가 별 탈 없이 편안하고, 교육사업에 열중하는 것이 자신의 꿈인 것처럼 말한 이유도 어린 시절부터 단란한 가정을 꾸며 보지 못하였기 때문이라고도 할 수 있다.

인간이 본디 선한 이유

맹자의 사상은 성선설(性善說)을 기초로 하는 인의설(仁義說)과 이에 입각한 왕도정치론(王道政治論)으로 나눌 수 있다. 맹자는 인의예지(仁義禮智)를 인간이 본디 가지고 태어나는 네 가지 실마리로서 사단(四端)이라 하였으며, 인간이 나면서부터 선하다는 성선설의 증거가 된다고 주장하였다.

일찍이 공자가 인간의 본성에 대하여 "인간의 본성은 본래 비슷하였지만, 후천적인 습관 때문에 달라진다[性相近也, 習相遠也]"라고만 말하였는데, 맹자는 성선설의 근거로 인의예지가 누구에게나 갖추어져 있다고 하였다. 맹자는 그 근거로 남의 불행을 보고 측은해 할 줄 아는 마음인 측은지심(惻隱之心), 자기의 잘못을 부끄러워 할 줄 알고, 남의 잘못을 미워할 줄 아는 마음인 수오지심(羞惡之心), 남에게 양보할 줄 아는 마음인 사양지심(辭讓之心), 옳고 그른 것을 가려낼 줄 아는 마음인 시비지심(是非之心), 이 네 가지가 본디 사람들이 타고나는 '네 실마리[四端]'이며, 이것들을 적극적으로 계발하여서 성선(性善)의 실마리를 더더욱 확충시켜야 한다고 말하였다.

그런데 세상에는 사람이 본디 선하게 태어난다는 주장을 무색케 하는 사람이 간혹 주변에 있다. 그리고 세상을 깜짝 놀라게 할 만한 엽기적인 일이나, 진정 인간의 허물을 쓰고 그런 짓을 할 수 있을까 싶은 끔찍한 사건이 심심치 않게 터져 나오곤 한다. 맹자의 시대에도 이런 일들은 얼마든지 있었을 터인데, 그렇다면 맹자는 이것들을 어떻게 설명할까?

맹자의 성선설 역시 인간이 무조건 선한 채로 태어나서

선하게 살아간다는 뜻에서 말한 것이 아니다. 다만 "선을 행할 수 있다[可以爲善矣]"라는 가능성으로서 사단(四端)을 인간이 타고난다고 했을 뿐이다. 즉 지금 아무리 악독한 짓을 하여 성선설 자체를 의심케 하는 자가 있다고 할지라도 악한 심성을 타고나는 이는 없으며, 아무리 악독한 자라고 해도 그에게 선을 일깨워 주면 그는 잘못을 깨우치고 선한 데로 나아갈 수 있다고 하였다. 즉 짐승과 달리 인간만이 선과 악을 구분할 줄 알며, 착한 심성을 지닐 줄 안다는 뜻에서 성선설을 말한 것이다.

그래서 맹자는 인간이 남의 불행을 보고 차마 그냥 지나치지 못하는 마음으로서 '불인지심(不忍之心)'을 가지고 있다고 하였다. 옛날 훌륭한 선왕들께서도 역시 선한 마음을 가지고 있어서 백성의 고통을 그냥 지나치지 못하는 정사를 펴신 것이라고 하였다. 그런데 이러한 인간의 선한 본성을 근거로 통치자가 나라를 다스리지 않는 것 역시 백성을 잘 먹여 살리라고 한 하늘의 뜻을 저버린 것이니, 천명(天命)이 그에게서 물러난 것이므로 그런 통치자는 마땅히 제거되어야 한다고 말하였다. 이것이 이른바 역성혁명(易姓革命)을 긍정하고 있는 맹자 정치 사상의 핵심적인 주장이다.

독특하게 우리말로 변형된 한자어 가운데 하나가 불인지심(不忍之心)이다. 그대로 번역하면 '참지 않는 마음'인데, 이것은 어떤 일에 참지 못하고 불끈불끈 성낸다는 의미가 아니라 세상의 부조리나 남의 불행을 보고 참지 못한다는 의미로 '차마 하지 못하는 마음'이라고 해석한다. 이렇듯 사람들에게는 본디 남의 고통이나 어려움을 차마 그냥 보아 넘길 수 없는 마음을 타고나며, 이것이 성선의 실마리인 측은지심(惻隱之心)과도 통하는 것으로서 백성을 잘 먹고 잘 살게 해야 할 임금 된 이가 가져야 할 마음이라는 것이다.

왕다운 왕의 도리

측은지심을 실천하는 통치자야말로 진정 왕다운 정치인 왕도(王道)를 실현하는 이라고 한다. 왕이란 백성의 윗사람으로서 백성과 즐거움을 함께하고, 백성 역시 왕이 즐기는 것을 즐길 수 있도록 해 준다면, 이러고도 왕 노릇을 제대로 못한 이는 아직 없었다고 하였다. 이것이 바로 맹자의 정치 사상 가운데 실천 방안으로서 백성과 즐거움을 함께한다는 뜻의 여민동락(與民同樂)이다. 그러한 왕의 정치행위가 백성을 위한 정치로서 백성을 근본으로 삼는 민본주의(民本主義)라고 하는 것이다.

그렇지만 민본주의는 민주주의(民主主義)와 성격이 좀 다르다. 민주주의(democracy)는 '민주(民主)' 즉 '보통 대중

(demo)'이 '정치의 주체(cracy)'가 된다는 의미이다. 그런데 맹자는 "백성이 귀하며, 임금은 가볍다[民爲貴, 君爲輕]"거나 왕은 백성을 위한다고까지 말하지만, 민본주의에서 민(民)은 어디까지나 정치 주체가 아니라 왕이 행사하는 정치행위의 객체일 뿐이라는 점이 서로 다르다.

맹자의 앞 시대인 춘추 시대(春秋時代)만 하더라도 주(周) 왕실이 쇠퇴하였다고 하지만, 제후들이 주 왕실의 왕을 완전히 저버리지는 못하고, 다만 왕을 중심으로 하는 명분과 도리를 중시하는 정치가 남아 있었다. 하지만 맹자가 살았던 전국 시대(戰國時代)에는 제후들이 자신을 왕이라고 함부로 일컬으며, 사사로운 욕심과 헛된 명예를 위해서 전쟁을 일으키고 백성을 착취하는 폭정을 일삼았다.

본디 왕(王)자는 '도끼'의 모양을 본뜬 글자이며, 힘이 세어 권력을 잡은 이를 의미하였다. 이후로는 왕을 좀 그럴듯하게 미화하여 삼재(三才), 즉 하늘, 인간, 세상을 관통하는 자로서 왕은 하늘의 명을 받아 이 땅에 군림하는 이라는 의미로 푸는 것이 일반적이다. 하지만 실제로 왕은 권력자라는 의미로부터 나온 글자이다.

나중에는 하늘의 뜻이자 명령인 천명(天命)을 이 세상에 대신 편다는 뜻에서 왕을 하늘의 아들인 천자(天子)라고까지 불렀던 것이다. 그런데 이 하늘의 아들이 세상 백성을 살리고자 하는 하늘의 뜻을 실천해야 한다는 자신의 직무를 저버린다면, 이것은 하늘의 아들임을 스스로 포기한 것이니, 당연히 하늘은 그를 왕의 자리에서 끌어내리고 다른 이를 그 자리에 세워야 할 것이다. 이것이 바로 "천명(天命)을 바꾼다[革]"는 뜻의 혁명(革命) 사상이다.

그렇다면 혁명을 수행할 이는 누구일까? 이제껏 역사에서 하늘의 뜻을 대행한다고 자처하였던 많은 이들이 '혁명'과 '반란'의 영역을 오락가락한 것도 사실이다. 누구나 권력을 쥐고 있다고 해서 군대를 일으켜 왕을 치는 것이 아니라 이른바 하늘의 관리라는 뜻의 천리(天吏)라야만 백성의 마음을 얻어 혁명을 할 수 있다고 한다. 그렇지만 어느 시대든지 진정 누가 천리인지 아닌지는 혁명의 결과가 정해 주기 마련이니, 이 또한 쉽게 가늠 수 있는 문제가 아닌 듯하다.

이렇듯 혁명을 긍정하는 맹자의 정치 사상에서도 알 수 있듯이, 사랑과 정의의 정치를 외치다가 끝내 당시 제후들로부터 인정을 받지 못했던 공자와 맹자를 완고한 보수(保守)의 우두머리쯤으로만 보아서는 안 될 것이다.

도덕경(道德經), 하늘의 길과 사람이 갈 길

　　노자(老子, ?~?)와 그의 저서로 알려진 『도덕경(道德經)』은 공자의 『논어』와 더불어서 중국 사상의 큰 줄기라고 할 수 있다. 실제로 이 둘은 그 형식이나 사상이 전혀 다른 것처럼 보이지만, 마치 동전의 양면처럼 서로 떼어 놓을 수 없는 존재이기도 하다.

　　노자는 일단 이름부터 심상치 않다. 공자나 맹자가 공 선생님, 맹 선생님이니 노자는 '노 선생님'이라고 할 수 있을 터인데, 이때 노(老)자는 마치 우리말에서 노형(老兄)이라고 하는 것처럼 성씨가 아니라 존경을 표시하는 것이다.

　　사마천의 『사기』에서 노자가 초(楚)땅 고현[苦縣: 지금의 하남성(河南省)] 사람으로서 성은 이(李)씨이고, 이름은 이(耳)라고 하였으며, 주(周)나라 장서실(藏書室)을 담당하던 사관이었다고 한다. 공자의 이름을 '구(丘)'라고 한 것이 그의 이마가 불룩 튀어나왔다고 해서 '언덕 구'자를 썼다고 한 것처럼, 노자의 경우는 아마도 귀가 매우 독특하게 생겨서 '귀[耳]'라고 이름을 지은 것이 아닌가 싶다.

한편 『사기』에는 어떤 이의 기록을 인용하여 노자가 공자와 같은 때의 사람으로서 초나라의 노래자(老萊子)라는 이라고 했는데, 그가 지은 글이 도(道)의 쓰임에 대한 것이라고도 하였다. 또는 노자가 160여 세를 살았다거나, 200년 이상 살았을 것이라고 말하는 이도 있다고 한다. 그리고 공자가 노자를 찾아가 예(禮)에 대해 가르침을 받았다는 대목도 있는 것처럼, 믿기 어려운 기록들도 많다.

이처럼 노자나 그의 『도덕경』에 대한 기록들이 많이 있다는 것은 그들이 정말 존재하였는지 확실한 논증이 없다는 반증이기도 하다. 특히 다음 시대인 전국 시대에 살았던 맹자는 논쟁하기를 워낙 좋아했었는데도, 『맹자』에는 노자에 대하여 언급한 것이 없는 사실을 들어서 노자가 어쩌면 맹자보다 뒤의 전국 시대 사람일 것이라는 주장도 있다.

그도 그럴 것이 노자 『도덕경』의 글귀는 같은 시대인 공자의 『논어』에 비하여 문학적인 표현 기법이 풍부하며, 깊이 있는 은유가 두드러져서 시적인 압축미까지도 느껴지기 때문에 『논어』와는 표현 수법이나 글투가 사뭇 다르다는 평을 받고 있다. 그래서 근래에는 노자의 『도덕경』이 노자 혼자 지은 것이 아니라 여러 저자가 쓴 것이며, 그 내용 역시 전국 시대에 유행하던 격언이나 속담들이 적지 않게 포함되어 있는 것으로 보아 아마도 전국 시대 이후의 저작물일 것이라고 주장하기도 한다.

『도덕경』의 의미

오늘날 도덕(道德)이라는 말뜻은 흔히 사람으로서 마땅히 갖추고 닦아야 힐 행동규범이라는 의미이나. 누군가를 일컬어서 '도덕적'이라는 하면, 으레 그가 남을 이해하고 용서할 줄 아는 너그러운 성품을 지닌 것을 이르는 경향이 있다. 그래서 도덕이 공자의 유가에서 주로 쓰는 말이라고 알고 있기도 한데, 본래 도덕이라는 말의 본산은 노자의 도가 학파이다.

도덕의 도(道)는 본래 원리(原理)로서의 도리라는 의미이고, 덕(德)은 그러한 원리를 지켜 나아가려는 마음자세를 말한다. 즉 도덕이란 천지자연의 운행 원리를 믿고 따르며 그대로 살아가려는 마음가짐이다. 그런데 우리나라나 중국이

예부터 유가이념을 근간으로 삼던 사회였기 때문에 남을 이해하고 용서하는 너그러운 심성이 '도덕' 기준이 되었던 것이라고 할 수 있다. 이것은 마치 하느님의 말씀이 곧 우주 만물의 도리라고 믿고, 그러한 말씀대로 살아가고자 하는 것을 기독교에서의 도덕이라고 할 수 있는 것과 같다.

『도덕경』은 모두 81장(章)으로 약 5,000자 분량이다. 각 장은 매우 간결한 운문체(韻文體) 문장으로 이루어져 있어서 시적 감흥을 일으키곤 한다. 제1장에서 제37장까지는 도(道)에 관해 논하였고, 제38장에서 제81장까지는 주로 덕(德)에 관한 내용으로 이루어져 있다. 그래서 흔히『도덕경』이라고 부르는 것이며, 실제로 도가가 주로 도(道)에 대하여 궁구하였기 때문에 춘추전국 시대 당시 여러 학파들 가운데에서 유일하게 '도가(道家)'라는 이름으로 불리게 되었던 것이다.

도(道)와 덕(德)

한가하게 공원 벤치에 앉아 볕을 쬐고 있노라면, 어디선가 웬 사람이 나타나 도를 아시냐며 말을 건네는 것을 한 두 번은 본 적이 있을 것이다. 과연 도는 무엇을 말하는 것일까? 하긴 노자가 도를 궁구하여서 도가 학파라고 하였던 것처럼, 노자『도덕경』81장의 제1장은 "도를 도라고 할 수 있는 것은 항상 그러한 도가 아니다[道可道非常道]"라고 하였다. 언뜻 보아서는 알다가도 모를 말이다. 도를 도라고 할 수 있다면 진정한 도가 아니라고 하니, 괴이하기까지 하다. 그렇다면 나를 나라고 할 수 있다면 진짜 내가 아니라는 말인가! 장난스러운 것처럼 보이는 노자의 첫 마디에는 매우 깊은 뜻이 담겨 있다.

우주 만물의 생성 근원인 도란 것 자체는 절대불변이지만, 그 도를 무어라 일정하게 규정해 버리면, 그것은 본래의 성격을 잃게 되어 더 이상 그것일 수 없다는 뜻이다. 이것은 세상 만물이 항상 변화하고 있어서 일정하지 않다는 것을 말한 것이기도 하다.

지금의 나를 '나'라고 하였는데, 1초, 2초, 3초 …… 10초가 지나고 나면, 1초, 2초, 3초 …… 10초가 지난 지금의 나와는 다르다는 것이다. 매 순간마다 우리 몸에는 수많은 세포가 나고 죽었으니, 그냥 겉보기에는 1초, 2초, 3초 …… 10초 전이나 지금의 내가 변한 것이 없는 것처럼 느껴지지만, 그들 두 '나'는 완전히 같은 존재가 아니라는 것이다. 즉 내 몸안에 있는 세포가 나고 죽는 변화가 없다면, 나는 존재할 수 없으니, 그 세포가 나고 죽은 만큼 나 자신은 변한 것이니, 1초, 2초, 3초 …… 10초 전의 나는 지금의 내가 아닌 것이다.

본래 도(道)자는 '머리 수(首)'와 '갈 지(之)'가 합쳐져서 만들어진 것으로 "사람이 간다"는 뜻으로 '움직인다'는 의미의 동사이며, 명사로는 '길'이란 뜻으로 수단이나 방법이라는 의미로 확대해서 쓰인다.

덕(德)이란 글자를 쪼개 보면, 사거리 혹은 '가다'라는 뜻의 行(갈 행)자의 반쪽인 彳(걸을 척), 바르다는 뜻의 直(바를 직), 心(마음 심)자로 이루어져 있다. 그러므로 덕(德)자는 사거리에 서서 어디로 가야 바른 것인지를 궁리하는 형상이다.

이것을 좀 더 풀면, 어떻게 살아야 올바른 것인지를 깊이 생각하고 있다는 뜻이다. 그러므로 덕(德)자를 우리가 흔히 너그러운 성품 정도로 이해하는 것과는 다르다. 우리말에서 악덕(惡德) 상인이 나쁜 삶의 자세를 가진 상인이라는 뜻이며, 복덕(福德)이 남에게 복이 되게 하는 서비스 정도로 해석할 수 있다. 또 "네 덕이다" "당신 덕분이다"라고 우리말에서도 자연스레 쓰는 것처럼, 덕에는 본디 넉넉하다는 뜻이 들어 있던 것이 아니다.

노자가 궁구한 도는 하늘의 원리이다. 그런데 오늘날 우리들은 첨단 과학기술의 시대를 산다고 자부하지만, 우리가 맨눈으로 하늘을 보아서 알아낼 수 있는 것은 하늘이 봄, 여름, 가을, 겨울로 계절을 달리하며 '움직인다'는 정도이다. 그래서 노자는 제25장에서 도라는 것이 본디 하늘과 땅이 생겨나기 훨씬 전부터 어우러져서 이루어진 것인데, 그것은 적

막하고 소리도 없고, 함부로 바뀌지도 않는다는 것으로서 온 세상의 어머니라고 부를 만하다고 하였다. 그리고 노자는 그것의 이름을 어찌 부를지 몰라서 그냥 도(道)라고 이름을 붙였다고 하였다. 이처럼 도는 천지 만물의 생성 원리라는 뜻이며, 하늘이 분명 움직이고 있는 것이니, 일단 '간다'라는 의미의 보통명사 '도(道)'라는 이름을 임시로 붙여 주었던 것이다.

그래서 노자는 『도덕경』 제21장에서 도라는 것이 오로지 '어렴풋한 것[恍惚]'인데, 어렴풋한 그 가운데에도 형상을 가지고 있으며, 깊고 미묘한 그 가운데에도 정기(精氣)가 있으며, 그 정기는 매우 진실하며 미더운 것으로서 예로부터 오늘날까지 세상 만물의 근원을 이끄는 것이라고 했다.

이 대목에서도 노자는 도를 매우 신비한 존재인 것으로 묘사하고 있다. 우선 도가 실체가 없다고 하면서 그런 가운데 형상(形象)이 있다고 하였으니, 도는 형이하(形而下)의 근원인 형이상(形而上)과도 같은 존재라고 할 수 있다. 이것은 마치 세상 만물이 눈으로 보이는 현상계와 그 현상계가 존재할 수 있게 한눈으로 볼 수 없는 어떤 원리로 이루어져 있다고 한 이원론(二元論)적 세계관을 말하는 것이기도 하다.

그래서 노자는 제42장에서 "도는 하나를 낳고, 하나는 둘을 낳고, 둘은 셋을 낳고, 셋은 만물을 낳으니, 만물은 음기를 지고, 양기를 안아서 혼연히 하나로 어우러져 조화롭다[道生一, 一生二, 二生三, 三生萬物, 萬物負陰而抱陽, 沖氣以爲和]"라고 하였다. 이것은 도(道)로부터 만물이 생성되는 과정을 설명한 것인데, 마치 하늘과 땅 사이에서 음과 양의 두 기운이 잘 어우러져 생겨나는 조화로운 기운은 일(一)이라는 하나의 기운에서 파생된 것이며, 이것이 도에서 나왔다고 하니, 도는 미분화된 상태에서 세상 만물이 유출되기 전의 원리로서 직관(直觀)에 의해서만 느껴지는 것으로서 '하는 것이 없이 스스로 그러한[無爲自然]' 속성을 가지고 있다고 하였다.

노자가 세상 만물의 생성 이치가 늘 변한다고 말한 정치 사회적인 의의는 당시 가난하고 천한 처지에 빠져 지쳐 있던 보통 백성에게는 한 줄기 희망과도 같은 메시지라고 할 수 있다. 현실에서 핍박받는 대부분의 일반 백성에게는 세상이 변하지 않고 늘 그대로라고 한다면, 그보다 답답한 것도 없을 것이다. 이토록 가난하고 천한 자기 자신이 아무 변화도 없이 그대로 쭉 살다가 인생을 마쳐야 한다고 하면, 어쩌면 이보다 더 절망적인 것은 없을지도 모른다. 그런데 노자가 말하는 도는 그처럼 변할 줄 모르는 고정된 것이 아니라고 하니, 현실의 고통에서 허덕이는 일반 백성 입장에서는 이보다 반가운 말씀도 없을 것이다.

하는 것이 없는 무위(無爲)로부터

노자의 도가 사상에서 무위자연(無爲自然)은 당시 복잡하고 혼란스러운 시대에서 허겁지겁 살아가는 각박함을 벗어나고자 하는 의도에서 평안한 삶의 자세를 제시한 것이다. 언뜻 보아서는 도가의 '무위'가 하는 것이 없다는 것이니, 먹지도 않고, 숨 쉬지도 않고, 그저 세상을 등지고 사람들의 일상적인 삶을 거부하는 신선놀음이 아니냐고 여기기 쉽지만, 무위의 '할 위(爲)'자는 사람이 본성을 거스르며 억지로 무엇인가를 한다는 '거짓 위(僞)'자의 의미를 담고 있다. 그러므로 무위자연 사상은 사사로운 이익에 탐닉하는 당시 지배층의 무절제한 태도를 비판하고, 추상적인 도덕주의와 형식적인 예교 사상(禮敎思想)에 바탕을 둔 유가의 엄숙주의가 인간의 본성을 해친다고 지적한 것이며, 이를 극복하기 위한 방안으로서 도의 무위자연한 원리를 따르라고 한 것이다.

우주 만물의 생성 근원인 도 자체는 변하지 않는 절대원리이지만, 세상 만물은 항상 변화하는 것이니, 인간의 모든 인위적인 노력은 다만 상대적이고 허무할 뿐이라고 한다. 그러므로 인간은 '스스로 그러한[自然]' 세상의 이치를 잘 본받아 그것과 잘 어우러져야 하며, 그래야만 "하는 것이 없지만 하지 않는 것이 없게[無爲而無不爲]" 된다고 한다.

『손자병법(孫子兵法)』에서도 최상의 승리는 싸우지 않고 이기는 것이라고 하듯이, 겉으로는 아무것도 하지 않는 것처럼 보이지만, 세상 만물 역시 스스로 되지 않는 것이 없으니, 여기에서 무위는 곧 아무것도 하지 않는다는 뜻이 아니라 인위(人爲)적으로 무언가를 억지로 하지 않는다는 뜻이다.

그러므로 나라는 작고 백성은 적게 한다는 '소국과민(小國寡民)'이 가장 이상적인 사회이며, 큰 나라를 다스리는 것도 마치 '작은 생선을 지지듯 해야[若烹小鮮]' 하듯이, 정치 역시 무위의 도리를 잘 지킬 수만 있다면 만물이 스스로 알아서 되는 것처럼, 무엇이든 애써서 해낼 필요가 없다고 한다.

공자 자신이 그랬던 것처럼, 유가에서는 누구나 열심히 노력하기만 하면 행복해지는 것처럼 말하지만, 이 세상에 열심히 노력만 한다고 해서 모든 일이 다 이루어지는 것은 아니며, 그렇듯 성공하지 못하는 이들에게 유가는 실제로 별 위안도 주지 못한다고 한다.

그러므로 현실에서 실현할 수 없는 것은 억지로 애써서 이루려 하지 않고, 때로는 '그냥 놔두는(let it be)' 것도 필요하다는 것이다. 그렇지만 '무위' 역시 아무것도 하지 않으면서 모든 것이 저절로 이루어진다는 것이 아니며, 다만 무위자연의 도리에 순응하여 본성을 해치지 않는다는 '적극적인 무위'라는 역설을 담고 있기도 하다.

장자(莊子), 절대자유를 찾아서

흔히 유가 사상을 일컬어 공자와 맹자의 공맹(孔孟) 사상이라고 하듯이, 도가 사상은 노자와 장자의 노장(老莊) 사상이라고 한다. 즉 유가 학파를 공자가 열었고 맹자에 의해서 크게 발전하였다면, 도가는 노자로부터 장자에 이르러서 확연하게 발전하였다고 할 수 있다. 이제까지 장자의 글이 현실도피적이며, 염세적인 인생관을 갖고 있다고 평가를 받기도 하지만, 그것은 장자가 부조리한 현실을 풍자하는 장자 나름의 글쓰기 방식이라고 할 수 있다.

장자(B.C. 369~B.C. 289?)의 이름은 주(周)이며, 일찍이 몽(夢) 땅의 칠원리(漆園吏)라는 낮은 관리를 지냈는데, 양혜왕

(梁惠王)과 제선왕(齊宣王) 때 사람이라고 한다. 양혜왕과 제
선왕의 시절이라고 하는 것으로 보아 맹자와 비슷한 시대라
는 것은 알 수 있지만, 장자가 언제 나고 죽었는지는 확실하
지 않다. 다만 공자나 맹자가 자신의 학문과 사상을 세상에
펴기 위해서 여기저기 떠돌아다녔고, 노자는 당시 나라가 기
울어서 관직을 그만 두고 속세를 떠났다고 했는데, 장자는
당시 제후 왕들이 그의 능력을 인정하여 그에게 높은 벼슬
을 주려고 하였지만, 그 제안을 스스로 내쳤다는 점이 독특
하다.

　사마천의 『사기』 「장자열전(莊子列傳)」에 보면, 초(楚)나라
위왕(威王)이 그가 훌륭하다는 소문을 듣고 재상으로 삼으려
고 하였다. 그러나 번듯하게 잘난 소는 제사용으로 쓰이기
위해서 결국 일찍 끌려가 죽음을 당하고 마는 법이라고 하
면서 장자는 거절하였다. 마치 산에 우뚝 솟아 번듯하게 위
용을 뽐내는 굵직한 나무 역시 보는 이마다 탐내어 금세 잘
리고 말지만, 꾸불꾸불 틀어져서 재목감이 안 되는 나무는
잘리지 않고 하늘에서 내려준 천수(天壽)를 다할 수 있는 것
과 같다는 것이다.

쓸모없음의 쓸모

이것을 두고 장자가 현실 도피적이라는 평가를 받는 이유이기도 하지만, 다른 사람 눈치를 보지 않고, 자연인으로 편안히 살고자 했다는 장자의 인생관을 말하는 것으로 이것을 두고 흔히 '무용(無用)의 용(用)'이라고 한다. '무용의 용'이란 언뜻 보기에 쓸모가 없는 듯이 보이지만, 그러한 쓸모없음이 오히려 스스로에게는 진정한 행복을 가져다준다는 의미이기도 하다.

인간이 이 땅에 두 발바닥 크기만큼의 공간만 있으면 서 있을 수 있지만, 그렇다고 해서 발바닥이 딛고 있지 않은 공간의 땅이 필요 없다고 모두 파 버린다면 어찌 사람이 살아갈 수 있겠냐고도 하였다. 이처럼 우리는 우리에게 직접적인 쓰임이 되는 것만 가치가 있다고 여기는 경향이 있지만, 쓸모없어 보이는 것 역시 그 나름의 충분한 가치가 있다는 점을 잘 인식해야 한다는 것이다.

오늘날 세상 사람들은 누구나 부귀와 영광을 누리며 살고자 애쓰지만, 그러한 지위나 재물이 거꾸로 그 사람의 삶을 옥죈다면 이 역시 무슨 소용이겠냐는 것이다.

어느 날 장관 후보가 되었다가 청문회나 인사검증에서 자신이 그동안 저질렀던 온갖 허물이 드러나서 낙마하는 욕을 당하는 이가 있다. 혹은 운이 좋아서 그런 상처를 끌어안고 그 자리에 올랐어도 끝까지 그 지위를 자랑스레 마감하는 이가 드문 것을 보면, 진정 행복이라는 것이 무엇인지를 생각하게 된다. 자신을 위한 진정한 쓰임을 추구하였던 장자는 그만큼 자신의 삶을 소중히 여겼던 것이라고 할 수 있다.

그래서 장자는 사당에서 신처럼 모셔지는 죽은 거북의 박제가 되느니, 현세에서 진흙탕에 꼬리를 질질 끌며 아등바등 기어 다니는 거북이가 차라리 낫다고 하였던 것이다. 이것은 장자가 현생에서의 삶에 얼마나 애착을 가졌는지를 알 수 있는 대목이기도 하다.

노자를 이어서

사마천은 장자의 학문이 꿰지 않은 것이 없을 정도로 매우 폭 넓지만, 그 요점은 늘 변하며 무위자연하다는 노자의 도(道)를 바탕으로 삼고 있다고 하였다. 장자 역시 노자의 우주관과 마찬가지로 도(道)는 실제 눈으로는 볼 수 없는 천지만물의 근본 원리라고 하였으며, 그러한 도의 이치를 깨달아 잘 운용하여 현실의 실제 삶에서 인간의 진정한 행복을 추구할 수 있어야 한다고 하였다.

노자가 우주 만물의 근본 원리로서 도의 실체를 탐구하고

자 하였다면, 장자의 도는 어떤 대상을 자신의 욕심대로 사유하려 하지 않는 것이니, 인간은 만물유전의 법칙에 거스를 수 없음을 깨달아야 한다는 것이다. 그 결과 스스로를 속박하는 사사로운 목표나 전통 및 주변 환경 등으로부터 해방되어 만물의 근원인 도(道)와의 조화 속에서 삶과 죽음을 초월한 절대무한의 경지에서 어우러지는 것이 진정 삶의 목적이 되어야 한다고 하였다. 장자는 그렇듯 도의 실현을 통해서 진정한 인간의 행복을 추구하고자 하였던 것이다.

오늘날 통용되는 『장자』는 모두 33편으로 10만여 자에 달하며, 내편(內篇), 외편(外篇), 잡편(雜篇) 등 세 편으로 구성되어 있는데, 이 가운데 장자가 직접 쓴 것은 내편뿐이고, 나머지는 그의 제자들이나 후대의 도가학자들에 의해서 쓰였다고 알려져 있다.

『장자』는 대체로 우언(寓言)의 형식을 따르고 있다는 점이 독특하다. 장자는 자신의 학술 사상을 주장하기 위해서 인격화한 동식물이나 다른 사물에 우회적으로 빗대어서 말하여 풍자나 교훈의 뜻을 나타내는 이야기인 우언의 형식을 사용하고 있다. 장자의 우언은 뛰어난 상상력과 세련된 수사 기교가 돋보여서 문학적으로도 큰 성취를 이루었다고 평가를 받고 있다.

어슬렁 걸으며 세상사를 마찬가지로

장자 사상의 핵심은 소요(逍遙)와 제물(齊物)이다. 소요는 일종의 정신적인 절대자유를 말하며, 제물은 눈에 보이는 세상의 온갖 현상과 사물은 모두 마찬가지로 여기는 일종의 상대주의적 회의론을 말한다.

『장자』의 첫째 편인 「소요유(逍遙遊)」는 장자 사상을 이해하는 실마리라고 할 수 있다. 소요는 본디 '어슬렁 걷는다'는 뜻으로 장자는 이것을 통해서 세상의 모든 제한을 초월한 완전한 자유로움을 누리고자 하였다. 그 이야기는 대체로 다음과 같다.

북쪽 바다에 곤(鯤)이라는 물고기가 있었는데, 그것은 크기가 몇 천 리나 되는지 알 수가 없다고 한다. 어느 날 이 물고기가 문득 변해서 붕(鵬)이라는 새가 되었다. 붕의 등 넓이가 몇 천 리나 되는데, 붕이 힘차게 날갯짓을 하며 날면 그 날개는 하늘을 가득 덮은 구름과 같고, 붕이 바다 기운을 타고 남쪽 바다로 날아가는데, 한 번 날갯짓에 9만 리를 난다. 붕은 이렇게 6개월 동안 날다가 잠깐 쉬었다가 다시 날아간다고 한다.

여기에 나오는 곤과 붕은 북쪽 바다에 산다고 하는 상상 속의 물고기와 새로서 신화 전설에서는 종종 영웅을 일컫기도 한다. 북쪽 바다에 사는 수천 리나 되는 몸체의 곤이나 붕이 우주 멀리 날아간다는 내용은 각박한 현실에 찌든 우리의 몸과 마음을 탁 틔워 주는 한줄기 바람과 같은 시원함을 느끼게 하며, 장자 철학의 최고 지향점인 정신적인 절대자유를 의미하는 것이기도 하다.

그렇다면 한 번 날갯짓으로 9만 리나 나는 붕은 진정 자유로운 존재인 것일까? 인간에게 있어서 가장 소중한 덕목의 하나를 자유라고 해도 지나치지 않을 것이다. 평등과 더불어서 자유는 근대를 상징하는 이념으로서 진정 인간 행복에 있어서 가장 중요한 요소라고 할 수 있다. 자유는 오늘날 흔히 '마음대로 한다'라는 의미로 쓰고 있지만, 글자를 그대로 풀면 '스스로 말미암다'라는 뜻이다. 이때 '말미암다'라는 것은 마음대로가 아니라 스스로 책임진다는 뜻에 더 가깝다.

자유로운 상태는 물질적이거나 정신적인 무엇에 얽매이는 것이 없어야 한다. 그렇지만 물질적인 방면에서 인간은 절대로 자유로워질 수 없다. 사람은 몇 시간 동안만 먹지 않거나, 하루 동안만 잠을 자지 않더라도 도무지 온전하게 살아가기 어렵다. 아니, 단 몇 분 동안 호흡을 멈추고 공기를 몸에 들이밀지 않으면, 곧 죽어 버릴 정도로 인간은 참으로 물질 방면에서 나약할 수밖에 없다.

그런데 인간이 간편하게 행복을 누릴 수 있는 것은 정신적인 방면이다. 장자의 곤과 붕 이야기에서도 보듯이, 인간은 무한한 상상의 나래를 펴는 것만으로도 자유로움을 맛볼 수 있다. 이것은 곧 인간의 행복이란 스스로 마음먹기에 달려 있다는 교훈을 말하는 것이기도 하다.

그런데 「소요유」편에서 붕이 마치 절대자유로운 존재인 것처럼 서술하고 있지만, 이 붕 역시 자유롭지 못한 요소를 완전히 떨어내지 못하고 있다. 붕은 바람이라는 외부 조건에 의지하지 않으면 날 수 없듯이 역시 무엇인가에 의지해야만 하는 불완전한 존재일 수밖에 없다.

예를 들면 비행기는 제트엔진의 추진력(推進力)만으로는 날 수 없으며, 양력(揚力)에 의존하여야만 날 수 있다. 붕 역시 힘껏 날갯짓만 한다고 해서 허공을 나는 것이 아니다. 양력이란 물체가 바람을 타는 것을 말하며, 난다는 것은 곧 바람을 탄다는 뜻이다. 장자가 이렇듯 비행 물체가 날 수 있는 것이 양력에 의한 것이라는 과학적인 원리를 알고 그리 말한 것은 아니겠지만, 높은 절벽에서 아무런 날갯짓도 없이 유유히 나는 솔개를 보기만 해도 그 원리를 쉽게 알 수 있다.

한편 곤이라는 물고기가 붕이 되었다는 것도 매우 재미나다. 이른바 태초라고 할 수 있는 약 140억 년 전쯤 우주 대폭발이 있었고, 약 50억 년 전에 지구가 탄생한 이래 아무런 생명체가 없다가 우주로부터 물 폭탄을 맞으면서 바닷물이 생기기 시작했고, 단백질 성분이 묻어 있던 별똥이 바다에 떨어지면서 합성이 되어 미생물이 생겼다고 한다. 이후 미생물은 계속 진화하여서 물고기가 되고, 이것이 뭍으로 나가서 양서류가 되었고, 이후 다른 개체는 하늘로 올라가 새가 되기도 하였다고 한다.

장자가 이렇듯 진화론을 알고서 물고기가 새가 되었다는 우언을 지은 것은 아닐 것이다. 하긴 다윈(Charles R. Darwin)의 진화론이 세계사에 큰 영향을 끼치기는 하였지만, 유인원(類人猿)으로부터 인류가 진화하였을 것이라는 추정에 비하면 장자의 이 논의는 매우 놀랍다.

절대자유를 누리는 것처럼 보이는 붕조차도 무언가 의지해야 하는 불완전한 존재라고 한다면, 인간은 과연 어찌 해야 장자가 말하는 정신적인 절대자유를 누릴 수 있을까? 인간은 태어나면서부터 이미 '자기'라는 육신을 가지고 있기 때문에 인생이 괴로운 것이라고 한다. 그러므로 이것들을 잊어야만 하며 이를 실현할 수 있는 이를 진인(眞人)이라고 한다.

장자는 현실 세계에 존재하는 것은 모두 상대적인 것이라서 절대적이며 변하지 않는 것은 아무것도 없으며, 만물은 하나같이 아무런 차별이 없다고 한다. 이것이 바로 제물론(齊物論), 즉 상대론적 세계관의 요점이다.

마치 하늘 멀리 우주 밖으로 날아간 붕이 수억만 리 밖에서 바라본 이 세상은 과연 어떤 모양일까? 세상의 수많은 인간들이 저마다 자신들의 하찮은 이익에 목숨을 걸다시피 하며 밤낮 다투느라 허덕이지만 우주 밖 붕의 눈에는 다만 작은 한 점 속에서 그냥 꼬물거리는 정도일 텐데, 어쩌면 저리 소란을 떨까 싶었을 것이다. 세상에서 부귀와 빈천의 차이라는 것이 그저 덧없는 것일 뿐인데……

나비가 되어서

장자의 우언 가운데 가장 잘 알려진 것이 호접몽(胡蝶夢)이다. 장자가 어느 날 꿈에서 나비가 되었다가 깨어났는데 가만히 생각해 보니, 자신이 원래 나비였는지 아니면 나비였던 자신이 지금 장자가 된 꿈을 꾸는 것은 아닌지 확신할 수 없다는 회의를 품는다는 내용이다. 이것은 세상일을 평가할 수 있는 절대적인 가치 기준은 없으며, 세상에 언제나 변함없이 온전한 것은 하나도 없다는 뜻이다. 그러므로 이런 경지에 들어야 욕심도 경쟁도 사라져 평정한 심정을 얻게 된다는 것이다.

옛날 월왕(越王)에게 총애를 받았다는 미인인 모장(毛嬙)이나 춘추 시대 진(晉) 헌공(獻公)이 너무 총애해서 나라를 혼란에 빠뜨린 것으로 유명한 여희(麗姬)도 물고기나 사슴에게는 한낱 두려움의 존재였다. 물고기나 사슴이 아름다운 그들을 보면 결사적으로 달아났던 것이다. 이처럼 세상에 절대적인 미인은 본디 없는 것이고, 마찬가지로 세상에는 옳고 그름이나 선악의 가치 구분이 상대적이라는 것이다.

그러므로 인간은 사물을 갈라서 차별하는 행위를 없애고, 무위자연한 만물의 진리를 깨달아야 한다고 하였다. 물오리의 다리가 짧다고 하여 그것을 이어 주거나 학의 다리가 길다고 하여 그것을 잘라 주려고 한다면 도리어 그들의 본성을 해치게 된다. 이렇듯이 모든 인위적인 행위는 본래의 자연스러움을 훼손하여 불행하게 할 수 있다는 것이다.

그런데 인간 역시 자연물의 하나이면서 너무나도 '인간적'이라는 속성을 가지고 있어서 스스로 고통스럽고 부자연스러움을 자처하는 특이한 존재이다. 그래서 장자의 이러한 행복론이 요원하기만한 듯하다.

묵자(墨子), 모두 다 사랑하라

묵자(B.C. 470?~B.C. 391?)에 대해서는 알려진 것이 그다지 많지 않다. 다만『사기(史記)』「맹자순경열전(孟子荀卿列傳)」의 끄트머리에 묵자의 이름은 적(翟)이고, 공자와 같은 시기이거나 그 뒤에 살았던 이로서 송(宋) 땅의 대부(大夫)를 지냈다고 나온다. 또한 전투에서 방어하고 버티는 것을 잘 하였고, 물건을 아껴 쓰는 검소한 생활을 하였다는 정도가 그에 관한 기록의 전부이다.

그렇지만 맹자가 당시 시대 분위기를 걱정하면서 "양주(楊朱)와 묵적(墨翟)의 말이 세상에 가득하다"라고 말했던 것처럼, 전국 시대에는 양주와 더불어서 묵자 사상이 유가와 더불어 대단한 영향력을 가졌었다는 것을 알 수 있다.

묵자가 송 땅에서 대부였다는 것 역시 믿을 수 있는 것은 아니며, 스스로도 밝힌 것처럼 묵자의 신분이 매우 비천하다는 설도 있다. 묵(墨)이라는 성씨에 대해서도 묵자의 피부가 검었기 때문에 '먹 묵(墨)'자를 쓴 것이라고도 하고, 또 죄인의 얼굴에 죄명을 먹물로 새겨 넣는 묵형(墨刑)을 받았기 때문에 지어진 것이라고도 한다. 묵자가 죄를 지어 묵형을 받고 천민의 신분으로서 들판에서 막노동을 하다 보니 얼굴이 검게 되었을 가능성도 있다. 그래서 묵자의 무리 가운데에는 기술자와 같은 평민 출신이 많고, 『묵자』에 먹통이나 자와 같은 기계나 생활 공구에 관한 묘사가 많이 나오는 것이라고도 한다.

한편, 묵자가 무리를 이끌고 여러 지방을 유세 다닐 때, 항상 수레에 책을 가득 싣고 다녔다는 것으로 보아, 묵자가 대부의 벼슬에 오를 만한 학식을 가지고 있었다는 것을 알 수 있다.

묵자의 삶은 공자와 비슷한 점이 많다. 잠시 송 땅에서 대부 벼슬을 지냈던 기간 이외에는, 자신의 정치 이상을 실천에 옮길 수 있는 군주를 만나기 위해 여러 지방을 돌아다니며 대부분의 인생을 보냈지만, 그를 인정해 주는 군주가 없었기 때문에 보편적인 사랑을 실천하라는 겸애(兼愛) 사상을 제자들에게 가르쳐 세상에 묵가 학파로만 남게 되었다.

묵자의 시대와 겸애(兼愛)

공자나 묵자가 살았던 시기는 주(周)나라 초기에 제정된 봉건제도(封建制度)가 무너지고, 여러 지방의 제후들이 분열하여 패권을 다투던 때였다. 이때 나타난 여러 사상가들을 제자(諸子)라고 하고, 그들이 세운 온갖 학파들을 백가(百家)라고 하는데, 그들을 아울러서 제자백가라고 부른다. 이때 '아들 자(子)'자는 선생님이라는 뜻이고 '집 가(家)'자는 학파라는 뜻이다. 그들은 그 시대의 당면한 문제로서 어떻게 하면 사회의 질서를 바로잡고 사람이 사람답게 살 수 있을까 하는 문제를 가지고 논쟁을 벌였다.

이것을 일러서 당시 온갖 학파들이 싸우듯이 자신들의 주장을 폈다고 해서 백가쟁명(百家爭鳴)이라고 한다. 그들 여러 학파의 사상가들 가운데 중국 학술 사상사에서 매우 독특한 영역을 개척한 이가 묵자의 묵가 학파이다. 묵자는 차별 없이 두루 사랑하라는 겸애와 세상의 백성을 사랑하는 하늘의 뜻을 받들어야 한다며, 일종의 종교운동을 펼쳤던 인물이다.

종교란 흔히 초자연적 절대자인 조물주(造物主)나 내세(來世)의 존재를 믿음으로써 인간 현실 삶의 고뇌를 해결하고

자 하는 문화 체계의 하나로서 기독교, 불교, 이슬람교 등으로 발전해 왔다. 그런데 고대 중국에서 상(商, B.C. 1600?~B.C. 1046?) 왕조 때까지는 제정일치(祭政一致) 사회로서 종교적인 색채가 매우 강하였다. 물론 이때는 종교라기보다는 무속(巫俗)에 더 가까운 것이었지만, 공자의 유가 사상을 비롯하여 인간 중심의 학술 사상이 나타났던 주(周)대 이후 고대 중국에서는 종교적인 의식이 매우 약해졌기 때문에 인도로부터 들어온 불교 이외에 중국 고유의 종교가 과연 있었는지에 대하여 오늘날까지 논란거리이기도 하다.

물론 유가에서 자연만물의 창조주로서 조물주의 존재를 인정한 것은 아니지만, 조상신에 대한 제례를 중시하는 만큼 내세를 완전히 부정하지는 않는다. 그런데 공자의 제자가 공자에게 귀신 섬기는 문제와 내세에 대해서 여쭙자, 공자는 귀신을 섬기는 것보다는 살아 있는 사람을 섬기는 것이 우선이며, 죽음에 대해서도 지금의 삶도 모르는데, 어찌 죽음에 대해서 알겠느냐며 반문한 적도 있다.

공자는 실제로 눈으로 보지 않았거나 확증하지 못하는 사실에 대해서는 무엇이 어떠하다는 식의 구체적인 말은 하지 않았다. 다만 하늘의 도(道)는 무엇 혹은 어떻게 되게 하려는 의지(意志)를 지니고 있으며, 그러한 도가 실현되게끔 부여되는 명(命)에 의해 자연만물이 운행된다고는 여겼으니, 유교 역시 종교적인 측면이 전혀 없다고는 할 수 없다.

하긴 종교(宗敎)의 '마루 종(宗)'자는 으뜸이라는 의미이니, 종교를 글자 그대로 풀이하면 '으뜸이 되는 가르침'이라고 할 수 있다. 그러므로 사람들마다 살아가면서 무엇인가를 스스로 믿고 따르며 으뜸이 되는 가르침으로 여긴다면 역시 넓은 의미에서 종교가 될 수 있는 것이 아닐까 한다.

아무리 그러하더라도 중국의 유교나 도교는 창조주와 내세에 대한 신앙을 근본적으로 인정하는 것이 아니라서 고대 중국의 학술 사상사에는 오늘날과 같은 종교적인 의식이 매우 약하다고 할 수 있다. 그런데 독특하게도 묵가에서만은 하늘은 인류에 대한 보편적인 사랑의 의지를 가지고 있으며, 그러한 뜻을 실천하고자 하는 하늘을 존숭해야 한다는 종교적인 성향을 띠고 있다.

두루 사랑하라

『회남자(淮南子)』에서는 묵자가 처음에는 공자의 유가 학술을 배운 유학자였지만, 유가의 예법이 너무 번다하여서 장례(葬禮)제도나 예와 음악 등이 지나치게 재물을 낭비하여 백성을 곤궁하게 하고, 복식제도 역시 번잡하고 불편하여 일상생활을 방해한다고 여겼다.

게다가 유가의 인(仁) 역시 '애인(愛人)'이라 하여 사람을 사랑하는 것이라고는 하지만, 일반 백성과 피지배 계층에는 인의 덕목이 있다고 인정하지 않았다. 묵자는 유가의 인이 가족애를 시작으로 나라와 세상에까지 이루어 가는 차별적인 인류애 곧 '별애(別愛)'이며, 그러한 유가의 차별적인 사랑이 오히려 세상에 분란만 일으킨다고 여겼다. 유가를 비난한다는 취지를 담은 「비유(非儒)」편에서 유가가 "친족을 가까이 대하는 데에도 차별의 방법이 있고, 어진 이를 높이는 데에도 등급이 있다[親親有術, 尊賢有等]"라고 지적하였으며, 모름지기 사랑이란 차별이나 등급이 있어서는 안 된다고 하였다.

그렇다면 묵자가 세상 사람들을 두루 사랑해야 한다고 주장한 이유나 근거는 무엇일까? 그것은 하늘의 뜻이 본디 백성을 사랑하는 것이기 때문이라고 한다. 묵자는 하늘이 해, 달, 별들을 하늘에 펼쳐 놓음으로써 세상을 밝게 비추고, 봄, 여름, 가을, 겨울의 사계절을 지어 줌으로써 그들의 기강이 되게 하고, 눈이나 서리, 비나 이슬을 적절히 내려 줌으로써 온갖 곡식과 삼베를 자라게 하여 백성이 거기에서 재물과 이익을 얻게 하는 것들이 모두 하늘이 백성을 두터이 사랑하는 근거라고 했다.

오늘날과 같은 첨단 과학기술의 시대에는 흔히 창조주와 같은 영적 존재를 부정하는 이들이 있기 마련이다. 저 푸르른 하늘 너머에 창조주가 진정 어디에 계셔서 우주 만물의 이치를 주재하신다는 것이냐며 눈을 부라리고 목청을 돋우는 이들이 종종 있다. 물론 종교의 문제는 눈으로 볼 수 있는 물질적인 증거를 내보일 수 있는 것이 아니며, 오로지 신앙의 문제이니, 어찌어찌 논쟁을 벌여서 해결할 수 있는 사항이 아닐 것이다.

다만 우주 공간에 셀 수 없을 만큼 떠 있는 수많은 별들 가운데 지구와 같은 자연 환경에서 우리 인류가 태어났다는 것 그 자체가 기적과 같은 행운이라는 점만큼은 부정할 수 없을 것이다. 특히 저 태양이 지구로부터 조금만 더 멀리 혹은 조금만 더 가까이 있었더라면, 지구의 모든 생명체는 분명 존재할 수 없을 것이다. 이러한 점에서도 하늘의 태양이나 바다의 물에 이르기까지 눈에 띄는 하나하나가 인간이 살아가게끔 은혜를 베풀어 주는 존재라는 의미이기도 하다. 묵자는 다만 하늘이 인간을 살리고자 하는 의지를 가지고 있으며, 그러한 하늘을 존숭해야 한다고 주장했다는 의미에서 좀 더 종교적인 입장을 취하는 것이라고 할 수 있다.

고대 중국에서는 주(周)대에 들어서 인간 중심의 문물제도가 갖추어지면서 종교의식이 점차로 희박해지고 종교적인 신앙보다는 윤리 의식(儀式)에 더욱 치중하게 되었다. 그래서 공자는 하늘의 원리인 천도(天道)를 자신의 인(仁)사상에 있어서 절대적인 근간으로 삼아 사람이란 자신이 지켜야 할 도리에 힘쓰고 '귀신을 공경하되 멀리하는 것[敬而遠之]'이 지혜로운 것이라고 하였다. 그런데 묵자가 말하는 겸애는 오로지 '하늘의 뜻[天志]'이며, 그러한 하늘의 뜻을 관할하는 귀신이 존재하여 상과 벌을 내린다고까지 분명히 말하고 있다.

서로 사랑해야 하는 이유

묵자는 「법의(法儀)」편에서 세상의 크고 작은 나라를 막론하고 모두가 하늘의 땅이 아닌 것이 없으며, 나이가 많든 적든, 지위가 높든 낮든 간에 이 모두가 하늘의 신하라고 하였다. 따라서 사람을 사랑하고 이롭게 하는 자는 하늘이 반드시 그에게 복을 내려 주고 사람을 미워하고 해치는 자는 하늘이 반드시 그에게 재난을 내려 주신다고 하였다. 그러므로 인간은 세상 뭇 백성을 사랑하는 하늘의 뜻에 복종해야 하고, 그 하늘의 뜻에 따르면 상을 받을 것이고, 거역하면 벌을 받는다고 하였다.

그렇지만 묵자가 하늘이나 하느님을 오늘날의 기독교에서와 같이 창조주로서 믿으라고 하지는 않았으며, 다만 하늘이 이 세상을 사랑한다는 믿음을 바탕으로 세상을 이롭게 하며, 함께 사랑해야 한다는 겸애설을 주장하였던 것이다.

공자나 맹자가 이로움을 추구하는 것에 대해서 매우 거북스러워했던 데에 반하여 맹자는 백성에 대한 하늘의 사랑역시 이로움을 서로 나누는 형식의 하나라고 하였다. 묵자는 세상이 어지러워진 이유를 서로 사랑하지 않기 때문이라고 하였다. 그래서 남의 나라 보기를 자기의 나라 보는 것처럼 하고, 다른 집안 보기를 자기 집안 보는 것처럼 하고, 다른 사람 대하기를 자기 대하는 것처럼 하라고 하였다. 그뿐아니라 반드시 내가 먼저 다른 사람의 어버이를 사랑하고, 이롭게 하는 것에 힘쓰라고까지 하였다. 그래야 다른 사람도나의 부모를 이롭게 하고 사랑으로써 보답한다는 것이다. 결국 묵자의 겸애설은 우선 남을 이롭게 하는 것이 결국 자신도 이롭게 한다는 '겸애교리(兼愛交利)'라고 할 수 있다.

이처럼 의(義)를 중시하고 이(利)를 경시했던 유가에 반하여 묵가의 보편적인 사랑은 의(義)와 이(利)를 통일시켰다고할 수 있다. 그래서 「경설(經說)」편에서는 "의로움이 곧 이로운 것이다[義, 利也]" "이로움은 얻으면 기쁜 것이다[利, 所得而喜也]"라고 하였으니, 묵자의 겸애설은 모두의 행복 추구를위한 실리주의적인 입장에서 말한 것이지 남을 위해 자신이무조건 희생하는 '숭고한 사랑'만을 말한 것은 아니다.

그리고 묵자는 세상에 가장 폐해를 주는 것이 전쟁이라고보았다. 예나 지금이나 왕이든 신하이든 나라를 지키고 백성을 이롭게 한다는 명분을 들이대며 전쟁을 일으켜서 많은 사람을 죽이는 것은 옳지 못한 것이라고 하였다. 전쟁 때문에 많은 사람이 목숨을 잃고, 굶주림, 추위, 질병 등으로 말미암아 다치고 죽는 이가 많을 수밖에 없다고 하였다. 결국 전쟁을 통해서 얻어지는 것보다 잃는 것이 훨씬 많은 것이니, 전쟁에서 승자란 없고 항상 피해자만이 남게 된다고 하였다.

또 세상 사람들이 남의 과일이나 개, 돼지를 훔치거나 한 사람을 죽이면 그것을 불의(不義)하다고 하지만, 수많은 사람들을 전쟁에 내몰아 죽게 하는 것은 불의(不義)라고 하지 않으니, 이보다 모순되는 것은 없다고 하였다.

묵자의 겸애사상은 오늘날 여전히 힘의 논리가 판을 치고 이윤추구를 이념으로 삼는 자본주의 시대에서 자신의 희생을 강요하는 숭고한 사랑만이 아니라 서로가 이로울 수 있는 실리를 추구하는 사랑의 정신이라고 할 수 있다. 또한 사랑의 의미를 모두에게 마음 깊이 되새기게 하는 한마디 말씀이라고 할 것이다.

순자(荀子), 인간을 말하다

　순자(B.C. 298?~B.C. 238?)는 전국 시대 조(趙)나라 사람으로 이름은 황(況)이다. 나이 50세 무렵에야 제(齊)나라 임치(臨淄)의 직하학궁(稷下學宮)에 유학하였다. 제나라 양왕(襄王) 시절에 순자는 좨주(祭酒)의 자리에 세 차례나 올랐을 정도로 최고의 학자로 인정받았다. 당시 좨주는 나라의 연회나 제사를 주관하는 원로를 말한다. 나중에 초(楚)나라 춘신군(春申君)의 천거로 난릉(蘭陵)의 수령이 되었다가 B.C. 238년에 춘신군이 암살되자, 벼슬에서 물러나 제자들을 가르치고 저술에 전념하며 여생을 마쳤다고 한다.

　공자나 맹자가 자신의 정치 이상을 펼 수 있는 기회를 잡기 위해서 여러 지방을 떠돌았던 것과 달리 순자는 관직에 오르는 것에 그다지 몰두하지 않았다. 이로 인하여 순자는 공자와 맹자의 사상을 체계화하여 이후 유가 사상이 중국에서 뿌리내릴 수 있도록 공헌하였다고 할 수 있다.

그런데 순자가 유학한 직하학궁은 일찍이 제환공(齊桓公)이 각지의 우수한 문인 학자들을 초빙하여 그들에게 자유로이 학술 연구에 전념하고 정치 활동도 할 수 있도록 보장해 주기 위해 설치한 학술 연구기관이다. 맹자도 한때 이곳에 머물러 공부하였다고 한다. 제환공이 당시 패권을 장악했던 춘추오패(春秋五霸)의 첫 번째 제후가 될 수 있었던 것도 이처럼 각지의 인재를 모아서 역량을 키웠기 때문이며, 당시 제자백가의 학술 사상이 흥성할 수 있었던 이유이기도 하다.

오늘날 순자는 학술 사상 방면에서 맞수라고 할 수 있는 맹자에 비하여 덜 알려져 있거나 부정적으로 인식되고 있지만 순자는 송나라 이전까지만 해도 맹자보다 더 확고한 영향력이 있었다. 그런데 송대 이후 주자(朱子)가 『맹자』를 사서(四書)에 편입하면서 주자학(朱子學)의 주요 경전으로 자리 잡고 유학의 주류를 형성하게 되었다. 맹자의 사상이 관념적이라고 비판적하였던 순자가 이때부터 오히려 비난의 대상이 되어 밀려나기 시작하였다.

순자가 학계와 대중으로부터 멀어지게 된 또 다른 이유로는, 순자가 인간의 본성이 악하다고 보았다는 것을 들 수 있다. 또한 그의 제자였던 이사(李斯)가 진(秦)나라의 통일을 주도하였고, 통일왕조의 사상적 토대가 되었던 법가(法家)를 집대성한 한비자(韓非子) 역시 순자의 제자였는데, 유가의 이상 정치를 신랄하게 비난하였다. 그리고 진시황제는 춘추전국 시대가 혼란을 맞았던 것이 사상 분열 때문이라 하여 사상을 통일한다는 명분으로 유가의 학자들을 파묻어 죽이고 유가의 전적을 불태우는 분서갱유(焚書坑儒)를 일으켰다. 그런데 이러한 사건이 모두 순자로부터 기인한다고 부각됨으로써 순자를 부정적으로 보는 입장이 강하게 형성되었다.

물론 위와 같은 사건들을 그저 겉으로만 보고 평가할 문제는 아니며, 중국의 역사와 문화 방면에서 순자와 순자 사상의 진정한 가치를 왜곡시켜 왔던 점을 지나쳐서는 안 될 것이다.

하늘이라는 것

순자의 학술 사상이 담겨 있다고 할 수 있는 『순자』는 당시 제자백가들의 저서와는 여러모로 다른 점이 있다. 『논어』는 공자가 직접 저술한 것이 아니라 공자가 죽은 다음에 제자들이 공자의 어록이나 행적 그리고 제자들과의 대화를 모아서 간략하게 편집한 것이고, 『맹자』 역시 당시 왕이나 제자들과의 대화나 여러 이야기들을 서술하여 맹자 자신의 학술 사상을 폈던 것이다.

그런데 『순자』는 순자 자신이 직접 쓴 것이라고 알려져 있으며, 간단한 어록이나 행적을 적은 것이 아니라 순자 자신의 학술 사상을 펴기 위해서 논설체의 형식으로 각 편마다 하나의 주제를 정해 놓고 자세히 논증하고 있다는 점이 매우 독특하다.

특히 하늘에 대해서 논했다고 할 수 있는 「천론(天論)」편에서 봄, 여름, 가을, 겨울과 같이 인간사회와는 별개의 자연현상으로서 한결같은 하늘의 흐름이 있는 것이며, 하늘은 인간의 가치 기준이 될 수 없다고 한다. 하늘에서 종종 별이 떨어지고 나무가 이상한 소리를 내며 울면 세상 사람들은 모두 두려워 떨지만, 이것은 다만 하늘과 땅의 특이한 음양의 변화로서 드물게 일어나는 것일 뿐으로 이상하게 여길 수는 있지만, 두려워할 것은 아니라고 한다.

그러므로 기우제를 지낸다고 해서 비가 오는 것이 아니며, 다만 인간은 그러한 자연 현상에 대응하기를 잘하고 못함에 따라 인간의 행복과 불행에 영향을 줄 뿐이라고 한다.

이제껏 공자와 맹자가 천도(天道)와 천명(天命)을 언급하여 하늘과 사람이 하나 될 것을 뜻하는 '천인합일(天人合一)'

의 사상을 말하였고, 노자와 장자가 하늘의 '무위자연(無爲自然)'한 이치에 인간은 그저 조화롭게 어우러질 것을 주장한 것에 반하여 순자는 인간은 다만 "하늘과 인간 사이의 구분을 분명히 인식하여서[明於天人之分]" 자연물로서 하늘과 땅의 변화를 잘 익혀 활용하여야 하는 것이지 하늘과 땅을 닮으려고 해서는 안 된다고 한다.

순자는 하늘이 인간사회의 주재자가 아니며, 나라가 잘 다스려지는 것 역시 하늘에 달린 것이 아니니, 하늘은 인간이 살아가는 가치의 절대 기준이 될 수 없다는 것이다. 그래서 고대 중국 사상사에서 순자가 비로소 유물론적 자연철학을 열었다고 평가하는 이유이기도 하다.

인간이라는 것

순자의 인간에 대한 탐구 역시 다른 제자백가들에 비하여 매우 탁월하다. 순자는 「비상(非相)」편에서 사람이 사람다운 독특한 이유로 인간이 두 다리로 걸으며, 몸에는 털이 나지 않았다는 것만이 아니라, 변별력을 가지고 있다는 것을 지적하였다.

인간이 두 발로 서서 다닌다는 점은 우리가 너무나도 당연하게 여기고 있기 때문에 주의를 거의 기울이지 않는 것

가운데 하나이다. 물론 새들도 두 발로 종종거리며 걷기도 하지만, 어디까지나 조류들은 날개로 나는 부류라고 해야 한다. 지구상에서 두 발로 걸으며 살아가는 것은 분명 인간을 비롯한 유인원들뿐이다.

흔히 '사람 인(人)자'를 두 사람이 서로 기대고 있는 형상이라고 하여 인간이 서로 의지하는 사회적인 존재라고 풀이하기도 하지만, 옛 한자의 원형이라고 할 수 있는 갑골문자(甲骨文字)에는 人(인)자가 사람이 팔을 오므리고 서 있는 모양을 그린 상형문자(象形文字)로서 글자의 본뜻은 비교적 단순하다고 할 수 있다.

오늘날 진화론적으로 인류의 탄생과 진화를 설명할 때, 지금으로부터 200만~300만 년 전쯤까지는 다른 동물들과 마찬가지로 네 발로 기어 다니던 원시인류들이 서서 두 발로 걷기 시작했다고 한다. 이때부터 인간이 서게 되면서 멀리 있는 곳의 많은 것을 보게 되었고, 그렇게 되자 생각이 많아지게 되어 두뇌가 급속히 발달하기 시작했다고 한다. 게다가 걷는 역할을 하던 두 앞발이 꼼지락거리며 활동을 하고, 도구를 만드는 손으로서의 역할을 하면서 두뇌가 더욱 발달하게 되었다고 한다. 그리고 서면서 목의 발성기관이 눌리지 않게 되고 말하는 것도 수월하게 되었다고 한다.

이로부터 인간은 고등동물로서 두뇌가 발달하여 스스로

사유하고, 말과 문자로 자신의 생각을 표현하게 되었고, 손으로 도구를 만들면서 온갖 문화와 문명을 일구어 왔다. 그러므로 오늘날과 같이 인간이 인간다운 존재가 되게 한 결정적인 계기가 된 것이 바로 두 발로 서서 다니면서부터라고 하는 것이다.

그리고 순자는 인간이 다른 동물에 비하여 털이 없다는 점을 인간의 특성으로 들었다는 점도 매우 독특하다. 물고기가 비늘을 가지고 있고, 새와 동물들의 몸이 잔뜩 털로 싸여 있듯이, 본디 원시인류의 몸도 털로 싸여 있었을 터인데, 진화하면서 오늘날 인류의 몸에 털이 거의 사라지게 된 점은 아직까지도 과학적으로 설명하지 못하고 있다.

다만 인류가 털이 없기 때문에 인간은 오랫동안 달리기를 할 수 있게 되었다고 한다. 물론 인간보다 빨리 달리는 동물들이 얼마든지 있지만, 그들은 한번에 50킬로미터 이상을 달리지는 못한다고 한다. 인간의 피부에는 털이 거의 없어서 땀을 잘 배출하여서 체온 조절을 용이하게 할 수 있기 때문에 오랫동안 멀리까지 달릴 수 있다는 것이다. 그래서 아프리카에는 아직도 이러한 인간의 특성을 이용해서 동물들을 사냥하는 부족이 있다. 동물들을 창이나 화살을 쏘아 맞히어서 바로 잡는 것이 아니라 그 동물이 지칠 때까지 쫓아가서 쓰러지면 그때 사냥한다는 것이다.

잡식동물인 인간이 동물을 잡아먹는다는 것 역시 인간의 진화와 매우 긴밀한 관계가 있다. 동물 고기의 고급 단백질을 섭취함으로써 인간의 두뇌가 발달하는 데에 매우 유리해진 것이라고 한다.

그렇다면 순자가 과연 과학적인 추론을 통해서 인간이 서서 다니는 존재라는 점과 인간이 털이 없는 점 등을 인간만의 특징이라고 말한 것은 아닐 것이다. 다만 인간이라는 존재의 특성을 그의 실증적인 관찰을 통해서 알아냈다는 점이 매우 놀랍다.

생각하는 인간

순자는 인간이 변별력을 가지고 있는 사유의 존재라고 하였는데, 인간은 언어와 문자를 통해서 자신의 생각을 표현하고, 사회를 이루고 문화와 문명을 발전시켜 왔다는 점 이외에도 인간이 악해질 수 있는 품성을 타고났지만, 역시 인간의 노력을 통해서 착해질 수 있다는 점을 말한 것이라고도 볼 수 있다. 그래서 인간이 소보다 힘이 약하고 말보다 잘 달리지 못하지만, 그들을 부릴 수 있는 것은 함께 모여 살며 지혜를 쓸 줄 알기 때문이라고 한다.

오늘날 우리들이 순자라는 이름을 들으면 가장 먼저 연상

되는 단어는 단연 성악론(性惡論)일 것이다. 실제로 순자는 「성악(性惡)」편에서 "인간의 본성은 악하다[人之性惡]"라고 분명히 밝혔다. 인간의 본성이 악하다고 단언한 것은 매우 용기 있는 발언이 아닐 수 없다. 왜냐하면 이 말에는 인간이면 누구나 악한 존재라는 뜻이니, 너나 나나 할 것 없이 누구나 타고난 성품이 악하다고 하면 좋아할 사람은 아무도 없을 것이기 때문이다.

그런데 순자가 말한 악(惡)하다는 의미를 서구적인 의미에서 악마(惡魔)로 해석해서는 적절하지 않다. 이때의 악이란 다만 인간이 갓 태어날 때에 아무런 꾸밈이 가해지지 않은 거친 상태를 일컫는 것이다. 왜냐하면 순자는 인간의 본성이 악하다고 한 다음에 "인간이 선하게 되는 것은 일부러 한 것이다[其善者僞也]"라고 한 것에서도 알 수 있다. 여기에서 '僞(위)'자를 오늘날에는 흔히 '거짓 위'라고 풀이하지만, '사람 인(亻)'과 '할 위(爲)'가 합쳐진 위(僞)자는 사람이 어떠한 목적 때문에 일부러 무엇인가를 한다는 것이 본래 뜻이다.

그러므로 인간 본성에 대하여 인간이 태어날 때부터 선하다는 성선설을 말한 맹자의 관념적이며 낙관적인 견해와는 달리, 순자는 인간이 선하게 보이는 것은 그 사람이 인위적으로 그렇게 가장하기 때문이라고 한다. 그러니 순자는 인간의 선함은 그 스스로 악한 본성을 제어하려는 의지가 드러난 것이라고 보아야 한다고 말한다.

일찍이 공자가 인간의 본성에 대해서 일컫기를, 성은 서로 비슷하게 타고나지만, 습관이 서로 멀어지게 한다고 말하여, 인간 본성이 선한지 악한지에 대해 좀 애매한 입장을 취하였다. 그런데 맹자가 이것을 긍정적으로 보아서 인간이 타고나는 착한 본성을 잘 계발할 것을 말했다면, 순자는 인간이 타고나는 욕망과 주변 환경으로 인해 악한 데로 빠지게 되기 쉬우니, 후천적인 학습을 통해서 그렇듯 악한 요소를 제어해야 한다고 말한 것이다.

순자는 인간이 태어날 때부터 좋은 음식을 먹고 싶어 하고, 좋은 옷을 입고 싶어 하는 것처럼, 이로운 것[利]을 좋아한다고 하였다. 그리고 그 이로운 것을 차지하기 위해서 서로 싸우고 사양할 줄 모르게 되어 인간이 악하게 된다고 하였다.

실제로 맹자 역시 모든 인간이 태어나서 죽을 때까지 오로지 착한 인간으로 살아가게 되어 있다는 의미에서 성선설을 말한 것이 아니다. 인간은 착해질 수 있는 '인의예지'라는 네 가지 실마리인 사단(四端)을 가지고 태어났고, 인간은 그것을 계발할 수 있는 능력도 갖고 있다고 한 것일 뿐이다.

그렇기 때문에 자신이 타고난, 착해질 수 있는 가능성인 사단을 잘 갈고 닦지 않으면 역시 악하게 살 수밖에 없다고 하였다. 이처럼 순자가 인성(人性)이 악하다고 한 것 역시 악해질 수 있는 주변의 환경과 인간의 욕망 때문에 인간이 악해질 수 있다는 것이니, 학문 수양을 통해서 인간의 악해질 수 있는 본성을 제어하여 착한 사람으로 살아가야 한다는 것이다.

그러므로 맹자와 순자가 인간을 보는 관점에는 차이가 있지만, 모두 열심히 노력해서 착한 사람으로 살아야 한다는 점은 같다고 할 수 있다. 그런데 후대 사람들은 그러한 사정은 뚝 잘라 버리고, 다만 인간이 착한 존재냐 악한 존재냐 하는 문제에만 집중하여 맹자와 순자의 인성론을 갈라서 극단으로 몰아간 측면이 있다.

맹자는 지나치게 관념적이며 이상주의에 치우쳐 있어서 인간의 착한 본성이 본래 하늘로부터 부여받았기 때문에 그것의 선함은 변하지 않는 것이라고 하였다. 반면에 순자는 하늘이 도덕적이며 절대적인 원리나 가치의 기준이 될 수 있는 것이 아니며, 단순히 자연물의 하나로서 그 스스로의 기능적인 운행을 하는 존재일 따름이라고 보았다. 그래서 순자는 인간이 그렇듯 타고난 성이라는 것을 스스로 어찌 만들어 낼 수는 없지만, 마치 "흙을 쌓으면 산이 되고, 물을 모으면 바다가 된다[積土而爲山, 積水而爲海]"라고 한 것처럼, 꾸준한 노력으로 타고난 품성도 선하게 변화시킬 수 있는 것이라고 한 점 역시 인간에 대한 혁신적인 인식을 열었다고 평가할 수 있다.

다만 오늘날 우리들에게 유가의 정통이 공자와 맹자로 이어지면서 순자가 묻혀 버린 채로 제 몫을 인정받지 못하고 있는 점은 거듭 새겨 두어야 할 것이다.

명가(名家), 이름을 탐구하다

　명가 역시 제자백가의 하나로서 본래는 말을 조리 있게 하는 사람이라는 의미에서 전국 시대까지는 '변자(辯者)'라고 불리다가 한(漢)나라 때 사마담(司馬談)의 「논육가요지(論六家要旨)」나 반고(班固)의 『한서(漢書)』「예문지(藝文志)」에서 명가라는 학파의 이름을 쓰기 시작하였다. 공자의 유가가 유자(儒者)들의 학파라는 의미이고, 노자의 도가가 도(道)의 원리를 궁구한 학파라는 뜻인 것처럼, 명가에서는 어떤 사물이나 개념을 일컫는 명사인 '이름'을 전문적으로 분석하던 일파라고 할 수 있다.

　그런데 유가이건 도가이건 각 학파마다 그들만의 사상과

주장들 역시 모두 특정한 이름이나 개념 정의로부터 시작하는 것인 만큼 이름을 탐구하는 학파라는 의미의 명가가 독립된 그룹을 형성하고 있었다고 하기에는 부적절한 측면이 있다. 그래서인지 청(清)나라 때 편찬한 『사고전서(四庫全書)』에서는 잡가(雜家)로 분류하고 있기도 하다.

'이름'이 생긴 연원에 대하여

『성경(聖經)』의 요한복음 첫 구절에서 "태초에 말씀이 계시니라(In the Beginning was the word)"라고 한 것은, 이 세상이 언어와 함께 탄생하였다는 것을 종교적으로 말한 것이다. 굳이 종교적인 입장이 아니더라도, 언어는 인류가 다른 생명체와 구별되는 가장 중요한 요소라고 할 수 있다. 마치 김춘수 시인의 「꽃」에서 그의 이름을 불러 주기 전에 그는 다만 하나의 몸짓에 지나지 않았다고 한 것처럼 인류에게 언어가 생기고 사물과 자신의 사상과 감정을 일컫기 시작하면서 인류의 문명이 비롯되었다고 풀이할 수 있다.

원시인류들이 모여서 사회를 이루고 살면서 서로 소통하기 위해서 일정한 소리를 내고 이것에 자연스러운 약속이 이루어지면서 인류의 언어가 차츰 형성되었을 것이다. 2만 여 년 전 현생인류의 조상인 호모 사피엔스(Homo sapiens)와 함께 지구에 생존하고 있던 원시인류인 호모 에렉투스(Homo erectus)가 멸종하게 된 이유가 그들이 언어 소통 능력이 없었기 때문일 것이라고 추정하기도 한다. 호모 에렉투스 역시 호모 사피엔스처럼 사람의 부류로서 직립한 채 무리를 짓고 살았지만, 그들의 구강이 말을 할 수 없는 구조였기 때문에 사냥 등의 생존 활동에서 구성원들끼리 원활하게 의사소통을 하지 못하여 살아남지 못했을 것이라고 한다.

인류가 처음으로 언어를 쓰기 시작한 것은 아마도 원시인류들이 먹을 것을 찾거나, 위험한 상황에 닥쳤을 때에 큰 소리를 치는 등의 신호를 보내어서 동료를 부르고 함께 일을 도모하는 기능을 가능하도록 했을 것이다. 그런데 인류는 이렇듯 낮은 수준에 머무르지 않고, 좀 더 복잡한 상황까지도 서로 의사소통해야 하는 일들이 점점 많아졌다고 할 수 있다.

『순자(荀子)』「비상(非相)」편에서 순자는 인간의 특성을 일컬어서 "두 다리로 걷고, 털이 나지 않았다는 것뿐만 아니라, 변별력을 가지고 있다[非特以二足而無毛也, 以其有辨也]"라고 하였다. 순자가 '사람은 두 발로 걷는 존재'라고 제시한 것은 매우 의미 있는 지적이라고 할 수 있다. 왜냐하면 인간이 직립보행을 하게 된 것이 인간만이 말을 할 수 있게 된 이유라고 할 수 있기 때문이다. 최초의 원시인류가 네 발로 기어 다니다가 직립하면서부터 멀리까지 바라보게 되고, 기어 다니는 데 쓰던 앞 두 발을 자주 사용하다 보니 인지 능력이 생기고, 기어 다닐 때에는 눌려 있던 발성기관이 말하기에 유리하도록 자연스럽게 발달하면서 생각이 많아지고 그것을 표현하려다 보니, 말을 하게 되었다고 한다. 그러므로 인간이 다른 짐승과 달리 말을 하게 된 것은 바로 인간이 두 발로 걷기 시작하면서부터라고 하는 것이다.

한자 풀이 사전이라고 할 수 있는『설문해자』의 名(명)자 뜻풀이를 보면, "어두워져서 서로 알아보지 못하기 때문에 입으로 스스로 이름을 부른다[冥不相見, 故以口自名]"라고 하였다. 이처럼 '이름 명(名)'자가 저녁 석(夕)자와 입 구(口)로 이루어져 있듯이, 이름이란 인간사회에서 무엇인가 구분을 하여야 할 필요 때문에 생겨났다는 것을 알 수 있다.

그런 의미에서 순자가 지적한 것처럼, 인간은 다른 동물에 비하여 사유를 하고, 그 사유한 것을 말로 표현하고, 그 말을 잊지 않기 위해서 문자로 기록하였다고 할 수 있다. 이러한 과정을 통해서 인류는 사회를 이루고 문화와 문명을 발전시켜 왔다고 할 수 있으니, '이름'은 곧 인류 문명의 발달과 그 궤적을 함께하는 것이라고 할 수 있다.

'이름'을 탐구하기 시작한 제자백가

　인류가 같은 지역에 일정한 사회를 이루고 오랜 세월 살아가면서 서로 의사소통하기 위해서 만들어진 부호체계를 언어라고 할 수 있다. 고대 중국에서는 황하(黃河) 유역에 사람들이 모여 사회를 이루고 사는 가운데 언어가 생겼을 것이라고 추정할 수 있다. 이어서 상(商, 약 B.C. 1600~B.C. 1046)나라 때에 비로소 고안된 문자가 갑골문자이다.

　그런데 갑골문자는 본래 상나라 통치자들이 자신들 지위의 정통성을 부여받기 위해서 하늘의 제(帝)와 소통하기 위한 점치는 수단이었으며, 인간들끼리 의사소통을 하기 위해서 만들어진 것이 아니었다. 그러므로 당시의 갑골문자는 신령한 세계와 소통하는 신성한 수단이자 왕권을 지켜 주는 도구로 이용되었다. 문자가 인류의 의사소통 수단이 되기 시작한 것은 인문(人文)의 시대를 열었다는 주(周, 약 B.C. 1046~B.C. 221)나라 때라고 할 수 있다.

　상 왕조의 집권자들이 하늘에 제사를 올리는 형식을 빌어서 자신들의 정치적 정통성을 인정받으려고 하였던 제정일치(祭政一致)의 신정(神政)정치가 주나라 때에는 행해지지 않게 되었다. 주나라를 건국한 통치세력 역시 그들의 정통성을 확보할 수 있는 새로운 이념과 문물제도가 필요하였다. 그래서 주나라 건국 공신인 주공(周公)은 고대의 예법에 관한 여러 방면의 문물제도를 다룬『주례(周禮)』를 편찬하여 상나라의 신정통치를 대체하고자 하였다.

이렇듯 새로운 시대를 맞은 주 왕조가 그들 나름의 정통성을 세우기 위해서 하늘에 대한 개념을 다시 정립하는 신성한 작업을 진행하였던 것처럼, 주나라 후반기인 춘추전국시기에 디디르면 세상이 혼란해지는 것과 함께 민간에서도 다양한 방면으로 새로운 시대 이념이 나타났다. 그러한 시대 경향을 이끈 것이 이른바 제자백가라고 불리는 지식인들이었다.

주나라가 왕은 수도에 머물러 있고, 지방에는 제후들을 파견하여 다스리게 하는 정치 형태인 봉건제(封建制)를 시행했지만, 이는 시간이 지나면서 점차 흐트러졌다. B.C. 771년 북방 견융(犬戎)족의 침입으로 주나라가 호경(鎬京: 지금의 서안 부근)에서 낙양(洛陽)으로 천도하였고, 주나라 후반기는 다시금 춘추 시대와 전국 시대로 진입하면서 정치적으로나 사회적으로 대변혁을 겪었다.

이런 상황에서 중앙의 조정이나 지방 제후들의 문물제도는 물론 일반 백성의 생활과 관련된 의식이나 개념에서부터 모든 사물의 명칭에 이르기까지 급격한 변화가 일어났다. 즉 원래 있었던 개념이나 명칭이 새로운 사회현실에 부합하지 않게 되자 사회적 모순이 붉어져 나오게 되었던 것이다.

　이렇듯 사회가 어지러워지고 가치관이 흐트러지려는 즈음에 나타난 이들이 제자백가이며, 이들은 자신들의 정치적인 이상과 신념을 가지고 세상에 올바른 도리를 펴보고자 하였다. 이들 가운데 공자가 개창한 유가 학파는 특히 학문 지식을 널리 보급하기 위한 수단으로서 언어와 문자의 사용 능력을 중시하였다. 그리고 이를 계기로 이전까지는 지배층 몇 사람만이 독점하던 학문 지식의 보급이 민간으로까지 확대되기 시작하였다. 특히 유가 학파에서는 말을 어떻게 해야 하고 글을 어떻게 써야 자신의 생각을 제대로 옮길 수 있는지를 본격적으로 궁리했다.

　『논어』「자로(子路)」편에 제자인 자로는 공자에게 혹시라도 정사를 맡게 되면 무엇을 가장 먼저 하시겠냐고 여쭙자, 공자는 "반드시 이름을 바르게 하겠다[必也正名乎]"라고 대답하고는, 이어서 "이름이 바르지 못하면, 말이 이치에 닿지 못한다. 말이 이치에 닿지 못하면, 일이 이루어지지 않는다[名不正, 則言不順. 言不順, 則事不成]"라고 하였다. 「안연(顔淵)」편에서도 공자는 "임금은 임금답고, 신하는 신하답고, 아비는 아비답고, 자식은 자식다운 것[君君, 臣臣, 父父, 子子]"이 정치의 근본이라고 하였다.

　이것이 이른바 '이름을 바르게 한다'는 정명론(正名論)으로서 공자 정치 사상의 이념을 설파한 것이다. 사회구성원 각자에게 주어지는 자신의 이름[名]에 걸맞게 행동하는 것이야말로 세상이 바르게 다스려지는 바탕이 되는 것이라고 한 것이다. 당시 극도로 혼란한 시대 상황에서 개인적으로는 부모 자식 간에, 나라에서는 왕과 신하 사이에 걸맞은 명분(名分)을 다하는 것이야말로 진정 사회를 이상적으로 이끌어가는 것이라고 보았던 것이다.

이에 반하여, 우주 만물 운행의 원리인 도(道)와 그것의 실천 윤리인 덕(德)에 대하여 본격적으로 궁구한 노자는 『도덕경』 제1장에서 "도를 도라고 할 수 있는 것은 진정한 도가 아니며, 이름을 이름이라고 할 수 있는 것은 진정한 이름이 아니다[道可道非常道, 名可名非常名]"라고 하였다. 여기에서 도를 도라고 하면 진정한 도가 아니듯이, 무엇인가 사물이나 개념을 규정하는 이름이 주어지면 그것을 일컫는 진정한 이름이 아니라고 한 이 말은 언뜻 궤변처럼 보이지만, 이런 말투가 노자 나름의 문학적 수사기교라고도 할 수 있다.

유가에서 추구하는 '바른 이름'이라는 것이 왕다운 왕, 신하다운 신하만을 추구하는 것이라면, 세상을 지배하는 계급은 늘 기득권을 차지하고 백성은 늘 세상 밑바닥에 처박혀 있으라는 말과 다름이 없다고도 할 수 있다. 그러므로 유가에서 말하는 정명론이 기득권력을 지켜 주는 이념으로서 지배계급에게 환영을 받았던 것이라면, 노자는 세상 문물이나 제도와 같은 인위적인 문명이 오히려 인간사회의 모든 재난을 일으키는 근원이라고 여겼다. 노자는 인간에게 지혜도 욕심도 없애고, 인위적으로 무엇인가를 하지 않지만 세상일 모두가 잘 다스려지는 '무위의 다스림[無爲而治]'을 실현해야 한다고 하였다. 그러므로 노자의 도가 사상은 그렇듯 세상의 이름은 절대적으로 확정된 것이 아니라고 하여 당시 억압받던 보통 백성에게 희망이 될 수 있었던 것이다.

명가(名家)의 탄생과 발전

춘추전국 시대의 격변기를 지나면서 제자백가의 다양한 사상 논쟁이 활발히 전개되는 가운데 명사와 개념의 연구를 전문으로 하는 명변학(名辯學)이라는 학술 사상이 발달하기 시작하였다. 이들에 앞서 공자의 유가나 노자의 도가 학파 등에서도 그들의 사상 이념을 궁구하기 위한 '이름'을 규정하려는 시도가 있었다고 하였지만, 이제는 전문적으로 이름을 탐구하는 유파로서 명가가 나타나서 세상 사람들의 인식이나 개념 또는 논리에 관하여 추상적인 논변을 펼치기 시작하였다.

명가에서도 당시 사회의 혼란이 이름과 실질이 일치하지

못한 데에 기인한 것으로 보고, 정치적으로도 '이름과 실질[名實]'의 관계를 바로잡아서 당시 사회의 질서를 온전하게 회복해야 한다는 명실합일(名實合一)의 이상을 제시했다.

이처럼 명가는 이름과 실질의 상관관계를 탐구하는 데에 이론적 관심을 두었는데, 명가로 잘 알려진 이로는 사물 개념의 차이를 상대적으로 인식하여 같음과 다름을 합쳐서 본다는 의미의 '합동이(合同異)'설을 내놓은 혜시(惠施)와 개념을 사물로부터 분리하는 '이견백(離堅白)'을 주장하였던 공손룡(公孫龍) 등이 꼽힌다.

혜시는 전국 시대 송나라 사람으로 대략 기원전 4세기 즈음에 살았을 것이라고 추정하고 있다. 왜냐하면 오늘날 그의 저술이 전해지는 깃은 없지만, 그의 친구였던 장지기 그와 관련한 일화와 사상의 일부 내용을 전하고 있다. 『장자(莊子)』「천하(天下)」편에는 혜시가 박학다식하여 재주가 많았으며, 다섯 수레 분량의 많은 책을 가지고 있었다고 하였다. 혜시는 10가지 역설적인 명제인 역물십사(歷物十事) 등을 통해서 사물에 대한 인식의 상대성을 강조했다.

10가지 명제 가운데에서 "두께가 없는 것은 쌓을 수 없다. 그러나 그 크기는 천 리나 된다[無厚, 不可積也. 其大千里]", "하늘은 땅과 같이 낮고, 산은 못과 같이 평평하다[天與地卑, 山與澤平]", "남쪽은 끝이 없으면서 끝이 있다[南方無窮而有窮]",

"나는 세상의 중앙을 안다. 연나라의 북쪽이면서 월나라 남쪽이 바로 거기이다[我知天下之中央, 燕之北越之南是也]"라고 한 것들은 공간상에 있어서 상대성을 말한 것이고, "해는 하늘 한가운데 떠 있게 되면 곧 저무는 것이고, 만물은 막 태어나면서 죽기 시작하는 것이다[日方中方睨, 物方生方死]", "오늘 월나라에 갔는데, 어제 도착했다[今日適月而夕來]"라고 한 것은 시간상에서의 상대성을 말한 것이다.

그리고 "가장 큰 것은 밖이 없으며[至大無外], 가장 작은 것은 안이 없다[至小無內]"라고 한 것이나, "만물은 모두 같으면서 모두 다르기도 하다. 이것을 대동이(大同異)라고 한다[萬物畢同畢異, 此之謂大同異]"라고 하였는데, 이것들은 모든 사물이 보는 입장에 따라서 같을 수도 다를 수도 있다는 인식의 상대성을 강조하고 있는 것으로 공간적으로나 시간적으로 절대적인 분별의 기준은 없다는 것이다. 즉 세상 만물은 하나하나가 다른 존재처럼 보이지만, 무한한 시간과 공간 속에서 하나로 통합되어 있다는 것이다.

한편 공손룡(公孫龍)은 월(越)나라 사람으로 혜시보다 약간 뒤에 생존했던 것으로 보이며, 저술로는 『공손룡자(公孫龍子)』가 오늘날까지 남아 있는데, 이 가운데 백마론(白馬論)과 견백론(堅白論)이 잘 알려져 있다.

백마론이란, 말이라는 것은 형태를 가리키는 것이고, 희다는 것은 빛깔을 가리키는 것이니, 빛깔을 가리킨 것은 형태를 가리키는 것이 아니기 때문에 "흰 말은 말이 아니다[白馬非馬]"라는 것이다. 즉 말이라는 용어의 외연(外延)에는 어떠한 색도 언급되어 있지 않지만, 흰 말이라는 용어의 외연에는 '희다'라는 색깔만을 한정하고 있기 때문에 흰 말은 말이 아니라는 논리이다.

견백론이란, 공손룡이 희고 딱딱한 돌을 예로 들어서 우리가 돌을 눈으로 볼 때에는 단지 희다는 것만을 알 수 있으며, 손으로 돌을 만지면 단지 딱딱하다는 것만을 느낄 수 있기 때문에 인식론적으로 하나의 흰 돌 혹은 딱딱한 돌이 있을 뿐이지, 희면서 딱딱한 돌은 없다는 것이다. 혜시가 같음과 다름의 구분은 그저 상대적인 인식의 차이에서 나오는 것이라고 여긴 것에 비하여 공손룡은 이름과 실질을 나누어서 엄격하게 논리적으로 분석하여 구분하려고 하였다.

이들 명가 역시 춘추전국의 혼란기에 이름을 탐구하는 것을 통해서 안정된 사회 현실을 이루고자 하였으며, 일부는 오늘날의 변호사처럼 민간에서 일어나는 분쟁을 조정하는 역할을 하기도 하였다.

명가에 관한 재미있는 일화 한 토막을 보자면, 어느 날 강물에 빠져 죽은 부자의 시신을 건져 낸 어부가 부자의 아들에게 시신을 건네기 전에 많은 수고비를 요구하였다. 아들이 그 제안을 거절하면서 실랑이를 벌이게 되었다. 별도리 없이 부잣집 아들은 수고비를 좀 덜 주고 아비의 시신을 가져올 방도를 묻기 위해서 당시 유명한 변론가에게 갔더니, 그 변론가는 그 아들에게 그냥 가만히 있으라고 하였다. 왜냐하면 시간이 지날수록 시신이 점점 더 썩을 것이고, 그 어부는 시신을 딱히 어디에다가도 쓸 데가 없으니, 아마도 어부가 요구하는 금액이 점점 떨어질 것이라고 하였다.

그런데 어부 역시 따로 그 변론가에게 가서 자신이 이 기회에 좀 더 많은 수고비를 받아 낼 방도가 있는지를 물었다. 그러자 이번에도 변론가는 어부에게 역시 가만히 있으라고 하였다. 왜냐하면 시간이 지날수록 시신이 점점 더 썩으면 부잣집 아들의 입장에서 그것을 차마 견디지 못할 것이니, 그냥 두고 볼수록 받아 낼 수 있는 액수는 점점 올라갈 것이라고 하였다.

당시 명가의 변론가들이 민간에서 벌어진 분쟁을 해결하면서 얼마나 많은 수수료를 챙겼는지는 자세히 알려져 있지 않다. 오늘날 사회가 점점 더 복잡해질수록 사람들끼리 다툴 일 역시 점점 늘어만 가는데, 이른바 변호사라는 이들이 분쟁을 해결해 준다면서 때로는 자신들의 잇속을 챙기기 위해서 오히려 분란을 더 조장하거나 자신의 그러한 능력을 빌미로 정치권력에 기웃거리는 일이 잦은 것은 아무래도 볼썽

사납기만 하다.

한편, 명가의 사상 내용에 고대 그리스의 소피스트(Sophists, 詭辯學派) 사상과도 유사한 대목이 있는 것은 매우 흥미롭다. 『장자』「천하」편에는 "날아가는 새의 그림자는 움직이지 않았다[飛鳥之景未嘗動也]"라고 한 것이나, "한 자 길이의 채찍을 매일 반씩 잘라 버리더라도 영원히 다 자를 수 없다[一尺之捶, 日取其半, 萬世不竭]"라는 가설은 시간과 공간을 분리하여 인식의 상대성을 강조한 점에서 기원전 5세기 경 그리스 철학자 제논(Zenon of Elea)의 '역설(逆說)' 가운데 아킬레스는 먼저 출발한 거북이를 결코 따라잡을 수 없다고 한 '아킬레스와 거북이의 역설(Achilles and the tortoise paradox)'이나, 날아가는 화살은 찰나의 순간 특정한 지점에 멈춰 있는 것이라고 한 '화살의 역설(Arrow paradox)'과도 매우 유사하다는 점이 흥미롭다.

『공손룡자』「통변론(通變論)」편에는 '닭의 발이 셋[鷄三足]'이라는 논제가 있다. 왜냐하면 닭에 발이 있다고 말하는 추상적인 개념이 하나이고, 실제로 닭의 발을 세어 보면 구체적인 발이 둘 있으니, 그들을 합하면 닭의 발은 셋이라는 것이다. 이처럼 명가의 논증에는 그른 것을 옳다고 하고 옳은 것을 그르다고 하는 터무니없는 궤변 같은 것도 있다. 그래서 『순자』「해폐(解蔽)」편에서는 그들이 오로지 언어에 가려서 개념상의 궤변만 추구하느라 실제 정황은 제대로 파악하지 못하고 있다고 비판하였다. 또한 공손룡의 '백마비마론(白馬非馬論)'은 후세까지도 궤변의 대명사처럼 여겨져서 비판을 받아 왔다.

　그렇지만 명가는 다양한 비유를 통해서 인식의 상대성과 제한성을 강조하고 현실 경험에 기초한 고정관념과 편견을 극복하려 하였으며, 눈에 보이는 현실에 집착하는 성향이 강한 고대 중국 학계에서 논리적이고 분석적인 철학적 방법론을 발달시켰으며, 이러한 과정을 통해서 "이름과 실질의 관계를 바로잡아 천하를 바로잡으려고 했다[正名實而化天下焉]"는 점은 인정해야 할 것이다.

관자(管子), 먹고 입을 것이 풍족해야

관자는 법가의 선구자로서 사상가로만 기억되는 많은 제자백가들에 비하여 정치적으로도 크게 성공하였다고 할 수 있다. 공자는 『논어』에서 관자가 제(齊)나라 환공(桓公)이 온 천하를 바로잡도록 보필하여 그때 백성이 그의 은혜를 입고 있다고 극찬하기도 했다. 하지만 정작 후대에는 관자가 그다지 큰 주목을 받지 못한 인물 가운데 한 사람이다.

아마도 관자가 공자에 비해서도 대략 150여 년이나 이른 시기를 살았으니, 그때까지는 춘추와 전국 시대에 펼쳐졌던 자유로운 학술 사상의 시대 분위기가 무르익지 않았기 때문에 관자를 제자백가의 한 사람으로 거론하지 않는 경향이 있어서가 아닌가 싶다. 또 중국 고대 사상의 주류라고 할 수 있는 유가 학파의 공자로부터 정치적인 역량에 대한 칭찬을 받기도 하였지만, 다른 편에서는 관자가 군자답지 못하다는 비난을 동시에 받았기 때문이라고도 할 수 있다.

이처럼 공자 시대부터 칭찬과 비난을 동시에 받았던 관자는 그야말로 '문제의 인물'이라고 할 수 있다. 게다가 공자보다 앞선 인물이지만, 그가 제자백가 사상을 집대성하였다고 할 수 있는 한비자 법가 사상의 뿌리와도 같은 존재이기 때문에 한비자의 앞에 둔 것이다.

관자의 도량을 작다고 한 이유

공자는 관자의 정치적인 능력을 높이 평가하기도 하였지만, 한편으로는 그의 인품을 대하여 "관중의 도량이 작도다[管仲之器小哉]"라고 평가하였다. 이어서 관자가 검소지도 않으며, 예(禮)를 알지도 못한 데다 외람되게도 군주의 권력을 넘보기까지 하였다고 평가한 대목이 있다.

맹자 역시 "관중이 임금의 신임을 얻어 그처럼 권력을 독차지하였으며, 국정을 시행하는 것을 그처럼 오래 지속하였는데도, 공적이 그처럼 보잘 것 없다[管仲得君, 如彼其專也, 行乎國政, 如彼其久也, 功烈, 如彼其卑也]"라고 비난하였다. 이어서 맹자는 자신을 관자와 비교하는 것에 몹시 불쾌해 하는 대목도 있다. 한(漢)대 이후 성인의 반열에 올라 최근세까지 인류 최고의 스승으로 불리던 공자와 맹자가 관자를 이처럼 인색하게 평가한 것이 이후 시대까지 관자를 낮게 평가를 하는 계기가 되었던 듯하다.

게다가 관자가 법가 사상의 선구자라고 할 수 있는 만큼, 법가를 집대성한 한비자는 물론 그의 스승으로 알려진 순자역시 유가의 이단이라는 오명을 뒤집어쓰게 되었다. 그리고 법가를 통일의 이념으로 삼아 중국 최초의 통일 왕조인 진(秦)나라를 세우고, 제자백가의 사상들까지도 통일한다는 명분으로 분서갱유를 실시하였던 진시황의 정책으로 말미암아 한대(漢代) 이후 유교를 국교로 삼았던 중국의 고대 왕조사회에서 법가 사상이 제대로 평가받지 못하는 비운을 맞았던 것도 관자가 오늘날 우리들에게 잘 알려지지 못한 이유라고 할 수 있다.

이 밖에도 관자의 저술에는 당시 우리나라 고조선(古朝鮮)에 관한 기록이 나오는 것이 매우 흥미롭다. 『관자(管子)』「지수(地數)」편에 "연(燕)땅에는 요동(遼東) 지방의 구운 소금이 있다[燕有遼東之煮]"라는 기사가 나온다. 이때 요동이 요수(遼水)의 동쪽으로서 고조선을 가리키며, 아마도 고조선에 관한 최초의 믿을 만한 기록이 아닌가 추정할 수 있다. 정약용(丁

若鏞)의『목민심서(牧民心書)』역시『관자』의 첫 번째 편명인 「목민(牧民)」을 따와서 이름 붙인 것이며, 내용도 많이 참조하였다고 알려진 만큼 관자와 그의 저작『관자』는 우리나라의 역사와 문화를 살필 수 있는 매우 의미 있는 자료라고 할 수 있다.

그렇다면 공자는 어째서 관자의 도량이 작다고 평가하였던 것일까? 오늘날 우리에게 관중(管仲)과 포숙(鮑叔) 두 친구 간의 우정으로 잘 알려진 고사인 관포지교(管鮑之交)의 내용을 통해서 관자의 인품을 대강 엿볼 수 있다. 본디 관중의 중(仲)은 집안 형제 가운데 둘째를 표시하는 것이고, 포숙(鮑叔)의 숙(叔)은 막내를 나타내는 것이다.

『사기』「관중열전(管仲列傳)」을 보면, 관자는 영상[穎上: 지금의 안휘성(安徽省)] 출신으로서 이름은 이오(夷吾)이고, 어려서부터 포숙과 잘 어울려 지냈다고 한다. 젊은 시절 관자는 포숙과 장사를 함께하면서 늘 이익금을 빼돌렸고, 전쟁에 나가서도 전세가 불리하면 도망치기 일쑤라서 다른 친구들은 모두 관자가 거짓말쟁이인 데다가 겁쟁이라고 비난하였다. 하지만 포숙은 관자의 집안이 가난하고 홀어머니를 모셔야 했기 때문이지 관자가 결코 본디 그런 사람이 아니라고 하여 관자의 어려운 형편을 이해해 주었다.

또 관자가 일찍이 세 번 벼슬길에 나섰다가 세 번 모두 군주에게 인정을 받지 못했을 때에도 포숙은 여전히 관자가 무능한 것이 아니라 다만 아직 때를 만나지 못한 것일 뿐이라고 여겼다. 이처럼 포숙은 젊은 시절부터 관자의 허물을 들추어내는 다른 친구들의 비난은 거들떠보지 않고 끝내 관자의 어려운 형편과 능력을 이해하고 잘 대해 주었다.

나중에 관자와 포숙이 정치 일선에 나서게 되었을 때에도, 포숙은 제(齊)나라 공자(公子)인 소백(小白)을 섬겼고, 관자는 소백의 이복동생이자 정치적인 맞수인 규(糾)를 섬기게 되었다. 그들이 제나라 군주 자리를 두고 다투는 과정에서 관자는 소백을 죽이면 자신이 모시는 규가 권력을 잡는 데에 유리할 것이라고 여겨서 비겁하게도 협곡에 숨어서 말을 타고 가던 소백에게 활을 쏘았다가 결국 실패하였고, 오히려 규와 함께 처형당할 처지에 몰렸다.

이때 포숙은 마침내 제나라 군주 자리에 오른 소백에게 천하를 제패하기 위해서는 관자의 능력이 꼭 필요하다면서 관자를 추천하고 자신은 오히려 관자의 아랫자리에 머무는 것을 마다하지 않았다. 이에 소백은 자기를 죽이려 했던 관자를 과감하게 기용하였고, 관자는 환공을 도와서 안으로 농업은 물론 상업과 수공업을 육성하여 제나라를 부국강병하게 하였고, 밖으로 중원(中原)의 제후(諸侯)들을 불러 모아 아홉 번이나 회맹(會盟)을 주도하는 등 당시 제나라가 천하의

패권(覇權)을 차지하는 데에 결정적인 공을 세웠다.

관포지교는 매우 절친한 친구 사이를 일컫는 고사성어로 잘 알려져 있다. 하지만 『사기』에 나오는 관자와 포숙의 관계에서는 친구 간에 주고받는 두터운 우정의 표본이 아니라 포숙이 관자를 일방적으로 믿고 후원해 주고 있을 뿐이지 관자가 포숙에게 따로 우정을 베푼 내용은 없다. 단지 뒷날 관자는 그렇듯 자신을 믿고 후원해 주었던 포숙이야말로 자기를 진정 알아준 벗이라고 평한 것이 있을 뿐이다.

이처럼 포숙은 친구의 능력을 제대로 볼 줄 알았으며, 친구에 대한 변하지 않는 우정을 지킬 줄 아는 인물이었다. 그래서 당시 세상 사람들은 재능이 뛰어났던 관자보다 친구의 능력을 알아보고 친구의 허물을 이해하고 믿어 주었던 포숙의 인품을 더욱 칭찬했다.

공자나 맹자는 백성을 위할 줄 아는 인의(仁義)를 중심으로 하는 왕도정치를 실현해 보고자 했던 정치 지망생이었지만, 그들의 정치적 이념을 끝내 실현할 기회를 갖지 못하였다. 결국 공자와 맹자는 앞선 시대 성현들의 사상을 연구하면서 제자들을 교육하고 저술 활동을 하면서 말년을 마쳐야만 하였다.

공자나 맹자처럼 당시 춘추전국 시대 제자백가들이 대체로 정치적으로는 성공하지 못한 채 교육과 저술로 자신들의 사상과 이념만을 후세에 남겼다고 할 수 있다. 이런 면에서 관자는 그의 사상 기반을 현실에 바탕을 두었기 때문에 사상 방면에서는 법가 학파의 선구자라고 할 수 있으며, 현실 정치에서도 모두 성공한 삶을 살았다고 할 수 있다.

그래서 혹시 나이 50세에 노(魯)나라 사구(司寇)를 몇 개월 지낸 것 이외에 평생 제대로 된 벼슬자리를 가져 보지 못했던 공자는 이러한 관자의 성공적인(?) 인생 역정을 곱게 보지 않아서 그가 평소에 관자의 인간됨을 낮게 평가하였던 이유가 되었는지도 모른다.

관자의 저작으로 알려진 『관자』 역시 그가 죽은 이후의 내용이나 다른 학술 사상이 많이 섞여 있는 것으로 보아 대체로 전국 시대 후기에서 한대(漢代)에 걸쳐서 내용이 첨가되고 고쳐진 것으로 여겨진다. 다른 제자백가의 저작들도 대개 한 시대 한 사람에 의해서 지어지지 않은 사정은 비슷하다. 오늘날 볼 수 있는 『관자』 역시 관자가 지은 것에다가 후대의 여러 학자들이 첨가하고 삭제한 끝에 완성된 것이라고 보아야 한다.

그래서 현재 전해지는 『관자』에 담겨 있는 내용은 법가(法家) 사상을 위주로 하고 있으면서 도가(道家)나 명가(名家)와 같은 다른 여러 학파의 학술 사상은 물론 천문(天文), 역수(曆數), 지리, 경제, 농업 등의 과학 지식까지도 두루 포함하고 있다. 그런 이유 때문에 『관자』를 『한서(漢書)』에서는 도가로 분류하였는데, 『수서(隋書)』에서는 법가에 분류하였다. 이처럼 관자는 일찍부터 어느 한 학파라고 규정하기가 애매할 정도로 다양한 내용들을 담고 있기도 하다.

정치는 신의를 바탕으로 주고받는 것이어야

일찍이 환공이 가[柯: 지금의 산동성(山東省) 동아현(東阿縣)] 땅에서 노(魯)나라 장공(莊公)과 회맹할 때, 노나라 장수인 조말(曹沫)이 비수를 품고 회담하는 자리에 뛰어 올라서 환공을 위협하며, 지난날 환공이 노나라에게서 빼앗아 갔던 땅을 돌려달라고 협박한 적이 있었다. 이때 환공은 겁에 질려 별도리 없이 땅을 돌려주기로 약속하였다. 그런데 나중에 환공은 조말과의 약속을 파기하려 하였다. 이때 관자는 당시 맺은 약속이 아무리 부당하다 하더라도 그것을 지켜야 한다고 환공에게 간언하였다.

왜냐하면 이번 일로 인하여 다른 제후들에게 제나라가 한번 약속한 것은 반드시 지킨다는 것을 보여 주어야 앞으로도 그들이 제나라에 순종할 것이기 때문이라고 하였다. 그리고는 『노자(老子)』에 나오는 "얻으려거든 반드시 진정으로 주는 것이 있어야 한다[將欲取之, 必固與之]"라는 말을 인용하여서 "주는 것은 얻기 위한 것임을 아는 것이 정치에서 보배로운 것입니다[知與之爲取, 政之寶也]"라고 하였다.

오늘날 거의 모든 국가에서 의회민주주의를 근간으로 하는 공화정치를 실시하고 있다고 한다. 하지만 여당과 야당이 서로 타협하고 양보할 줄 모르는 채 '모 아니면 도'라는 식으로 권력 다툼의 수준을 벗어나지 못하는 것이 오늘날 정치 현실이다. 그런데 관사는 책임지는 자리에 있는 이가 한번 내뱉은 말은 반드시 지켜야 백성로부터 신임을 얻을 수 있으며, 정치 행위는 주고받을 줄 아는 타협의 묘미가 중요하다는 것을 일깨워 준 것이다.

실제로 '권력(權力)'의 권(權)자는 세력 또는 힘이라는 의미로 주로 쓰지만, 원래 이 글자는 '저울추'라는 뜻이다. 즉 권력이란 두 세력이 양 끝에서 대처하는 상황에서 한쪽에 일방적으로 기울어지지 않게 조율하는 작용을 하는 힘이라는 뜻이다.

이 말은 남녀 사이에는 서로 손을 잡지 않는 것이 예의이지만, 물에 빠져 죽을 위기에 처한 형수를 시동생은 마땅히 손을 내밀어서 구해 주어야 하듯이, 고지식하게 원칙만을 고집해서도 안 되는 것이라는 『맹자』의 고사에서 유래한 것이다. 이것은 마치 권력을 가진 이가 그것을 제멋대로 휘두르는 수단으로서가 아니라 서로 어긋나는 의견을 가진 당사자들 사이에서 원칙과 상식을 바탕으로 유연하게 조정하는 역할을 해야만 한다는 것이다.

그래서 관자는 현실에서의 실용주의적인 정치 감각을 매우 중시하여, 『관자』「목민(牧民)」편에서 다음과 같이 말하면서 정치를 잘하고 못하고의 관건은 백성의 마음을 잘 사로잡는 감동의 정치에 있다고 하였다.

政之所興, 在順民心, 政之所廢, 在逆民心. 民惡憂勞, 我
佚樂之. 民惡貧賤, 我富貴之. 民惡危墜, 我存安之.
정치가 흥하는 것은 백성의 마음을 따르는 데에 달려 있고, 정치가 망하는 것은 백성의 마음을 거스르는 데에 달려 있다. 백성은 걱정하고 힘쓰는 것을 싫어하니, 내가 그들을 편안하고 즐겁게 해 주고, 백성은 가난하고 천한 것을 싫어하니, 내가 그들을 부유하고 귀하게 해 주고, 백성은 위험스런 상황에 빠지는 것을 싫어하니, 내가 그들을 지켜서 안정되게 살게 해 준다.

백성을 잘 먹고 잘 살 수 있도록 해주어야 한다는 것은 어느 시대의 어느 학파에서나 흔히 주장하는 말이지만, 관자의 전제조건은 좀 남다르다. 군주가 백성을 살아가게 해 줄 수 있다면 "백성은 군주를 위해서 목숨을 바친다[民爲之滅絶]"

라고 하였다.

유가에서 말하는 충효 사상은 인륜에 바탕을 두어 효자야 말로 나라와 사회가 어려운 상황에 빠졌을 때, 군주를 자신의 아비처럼 대하듯이 목숨을 바치는 충신이 될 수 있다고 한 것이다. 이에 비하여 관자는 거꾸로 군주가 백성에게 잘 대해 주는 것에 따라서 백성이 군주를 위해서 목숨을 바치는 것이니, 군주는 백성의 마음을 얻어야만 나라가 흥할 수 있다는 매우 현실적이며 공리(公利)적인 정치 주장을 펴고 있다.

한편 관자는 법가 사상의 시조로서 법가의 핵심 이론인 신상필벌(信賞必罰)에 대하여 「구수(九守)」편에서 언급하기를, "상을 내려야 할 때에는 반드시 시행할 것이며, 형벌을 내려야 할 때에도 반드시 시행해야 한다[用賞者貴信, 用刑者貴必]"라고 하였다. 즉 법의 적용과 시행에 신분이나 빈부의 차별이 있어서는 안 되는 것이며, 예전의 훌륭한 왕들 역시 나라를 다스리는 것에 있어서 법의 범주를 벗어난 적이 없었다고 하였다. 관자는 하늘과 땅에 아무런 의지나 감정도 없이 오로지 스스로 그러한 자연의 법칙이 있는 것처럼, 법 역시 반드시 존재해야 하는 것이며, 모든 사안의 옳고 그름 역시 법에 의해 판가름해야 한다고 했다.

그래서 「임법(任法)」편에서는 "이른바 인의(仁義)와 예악

(禮樂)이라고 하는 것은 모두 법에서 나온 것이다. 이것은 옛날 성인이 백성을 하나 되게 하는 근원인 것이다[所謂仁義禮樂者, 皆出於法. 此先聖之所以一民者也]"라고 한 만큼, 관자는 유가에서 강조하는 사랑과 정의[仁義]나 예악(禮樂)과 같은 도덕의 기초 역시 법에 두어야 한다고 하였다.

관자는 법이란 것을 윗사람부터 잘 지켜야만 사회의 기초 단위인 가정이 평안하고, 예의와 염치가 올바로 서야만 임금의 명령이 세상에 펴져서 잘 다스려지게 된다고 하였다. 이처럼, 관자 역시 인의예의와 같은 도덕적 가치를 완전히 부정하지는 않았다.

상인(商人) 출신의 정치가

관자가 젊은 시절에 포숙과 함께 장사를 하기도 하였으며, 친구 몰래 이익금을 빼돌리는 수완까지 발휘할 줄 알았던 만큼 관자는 이윤을 추구하는 경제 감각 역시 매우 밝았다고 할 수 있다. 이러한 관자의 이력 역시 상업을 경시하고 이윤추구를 매우 꺼리는 유가 학자들에게 곱게 보일 리 없었을 것이다. 하지만 관자가 실제로 이윤을 내기 위하여 장사를 하였던 것이 그의 정치 인생을 성공적으로 펼치기 위한 밑거름이 되었던 것을 분명하다.

관자는 부국(富國)과 강병(强兵) 이외에도 어떻게 해야 백성이 먹고사는 문제가 해결될 수 있느냐는 문제에도 집중하였다. 특히 「수지(水地)」편에서는 세상을 잘 다스리기 위해서는 땅과 물의 속성을 잘 이해해야 한다는 취지에서 땅은 만물의 본원으로서 모든 생명체가 뿌리를 내려 살고 있는 곳이며, 물은 땅의 혈기로서 사람에게 혈맥이 흐르는 것과 같아서 "물이란 모든 재화를 이루는 근원[水, 具財也]"이라고 하였다.

그러므로 물이 한결같으면 백성의 마음도 바르고, 물이 맑으면 백성의 마음도 단순해지는 것이고, 백성의 마음이 단순해지면 사악한 행동을 짓지 않는다고 하였다. 따라서 성인이 세상을 다스리는 데에는 따로 백성을 깨우치려 하거나 집집마다 찾아다니면서 하나하나 설명할 필요가 없이 그저 물을 잘 살피기만 하면 된다고도 하였다. 물론 관자가 오늘날과 같이 자연생태 환경과 물의 소중한 가치를 일깨우기 위한 목적으로 그렇게 언급한 것은 아니었다. 하지만 자연환경이 나라의 살림과 백성의 생활에 얼마나 중요한지를 일깨운 대목이라고 할 수 있다.

한편 「목민」편에서는 "창고가 가득하면 예절을 알고, 의식이 충분하면 영광과 욕됨을 알게 된다[倉廩實則知禮節, 衣食足則知榮辱]"라고 하였으니, 이것은 '예의(禮儀)'와 '염치(廉恥)'

같은 도덕적인 덕목을 몹시도 강조하였던 공자와 맹자에 비하여 관자는 이 대목에서 좀 더 현실 방면에서의 인간 본질이 무엇인지 설파한 것이라고 할 수 있다. 인간이란 먹고 입는 것이 넉넉한 다음에야 인간다움을 기약할 수 있듯이, 이상적인 도덕의 당위성만을 가지고는 그 어떠한 성인이라도 세상을 옳게 다스릴 수 없다고 본 것이다. 어디까지나 도덕 가치는 물질적인 전제조건이 해결된 다음에야 가능하다고 본 것이다.

이처럼 관자가 땅과 물의 존재를 중시하고 백성에게 먹을거리를 충족시켜야 한다고 한 것으로 보아 농업을 중시하는 정책에만 매진했을 것처럼 보이지만, 관자는 농업과 더불어서 나라 재정의 축적과 물가의 조절 정책이나 상업의 역할 역시 매우 중시하였다.

백성이 열심히 노력하여 풍년을 이루는 것만 능사가 아니라는 것이다. 오곡과 같은 식량이 충분하여야 백성이 생명을 유지할 수 있는 것이지만, 풍년이 들기도 하고, 흉년이 들기도 하는 것이 자연의 이치이니, 조정에서는 곡식이 남고 부족할 때를 대비할 필요가 있다고도 하였다. 만약에 군주가 곡물 가격의 조정에 실패하면 부유한 상인들이 그러한 틈새를 이용해서 100배의 이익을 얻어가게 되는 것이니, 황금과 화폐의 유통 수단을 통한 경제 정책이 성공하느냐 실패하느냐에 따라서 백성의 재산이 10배나 차이가 날 수도 있다고 하였다. 그러므로 군주가 나라의 유통 수단을 장악하면 백성도 역시 나라를 위해서 최선을 다할 것이라고 하였다.

위와 같이 정치와 경제를 한데 아울러야 하며, 백성의 살림을 넉넉히 하는 것을 통해서 나라를 부강하게 하고자 했던 것이 관자 정치 이념의 요체라고 할 수 있다. 이는 춘추전국 시대의 다른 제자백가들에 비하여 매우 구체적이고 실용적인 정치 사상이라고 평가할 수 있다.

한비자(韓非子), 오로지 법대로

한비자(?~B.C. 233)는 전국 시대 말기 법가 사상가로서 지난 춘추전국 시대의 500여 년 동안 이어지던 제자백가의 학술 사상을 집대성하여 그들의 사상 논쟁도 종식시켰다. 특히 진시황제(秦始皇帝)는 그의 법가 이론에 깊은 감명을 받아 통일이념으로 채택함으로써 중국 최초의 통일왕조를 이룰 수 있었다. 법가 사상은 이후 유가와 더불어서 고대 중국의 왕조사회 지배체제를 지탱하는 두 사상체계로서 마치 채찍과 당근 혹은 동전의 양면과 같은 역할을 하였다고 평가할 수 있다.

사마천의 『사기』 「한비열전(韓非列傳)」에는 한비자가 일찍이 형명(刑名)과 법술(法術)의 학문을 좋아하였다고 한다. 형명(刑名)에서 형(刑)은 겉모양이라는 뜻으로 구체적인 실제의 형상을 말하고, 명(名)은 명의(名義)로서 '이름'이라는 뜻이다. 형명이란 어떤 일이나 사물의 이름이 그 실제 내용과 잘 들어맞는지를 살펴서 정책 등을 시행할 때, 상(賞)을 주고 벌을 내리는 것을 잘 헤아려야 한다는 뜻이다. 이것은 공정하게 법률을 적용하라는 법가 사상의 이념인 신상필벌(信賞必罰)과도 통하는 것이다.

한비자는 전국 시대 당시 약소국이었던 한(韓)나라의 공자(公子) 출신이었다. 그런데 한비자의 이름이 '아닐 비(非)'라는 것이 좀 이상하다. 어째서 그의 이름을 '아니다'라고 지었는지에 대해서는 분명하게 언급하지 않았다. 게다가 '한비자'라는 호칭도 일반적으로 이름을 짓는 틀에서 벗어나 있다. 이제껏 다른 사상가들은 공자, 맹자, 노자, 장자라고 하여서 대체로 성씨 다음에 선생이라는 의미의 자(子)자를 붙여서 '공 선생님' '맹 선생님'이라고 불렀는데, 한비는 어째서 성에 이름까지 덧붙여서 '한비자'라고 하였던 것일까?

그것은 당(唐)나라 때 문인인 한유(韓愈)와 구분하기 위해서 성에 이름까지 붙여서 불렀기 때문이다. 그렇다면 한비자가 본디부터 한자(韓子)라고 불리고 있었던 것이니, 한참 뒤의 한유를 한유자(韓愈子)라고 불렀어야 할 것 같은데, 어째서 '한 선생님'이라는 호칭이 한유에게로 넘어갔던 것일까?

그것은 한유가 살았던 당나라 말기의 시대 상황 때문이었다. 한(漢)나라 무제(武帝) 때 유가를 나라의 이념인 국교(國教)의 정통으로 세웠다가 한나라가 망한 다음에 위진남북조(魏晉南北朝)와 당나라를 거치면서 인도로부터 유입되어 흥성하였던 불교(佛教)가 서서히 힘을 잃어갔다. 이때 다시금 유교가 힘을 받아 유교의 부흥운동이 부활하던 시절에 공자와 맹자 이후 끊어졌던 유가의 정통을 스스로 계승하였다고 자부하였던 한유를 한자(韓子)라고 불러 높이고, 거꾸로 법가의 한비자는 이름까지 함께 불러서 격을 살짝 낮추었던 것이다. 한비자로서는 좀 억울한 노릇이라고 할 수 있다.

우리나라나 중국에서는 웃어른의 이름을 부르는 것 자체가 좀 불손하다고 여겼다. 이렇듯 어른의 이름은 함부로 부르는 것이 예의가 아니라고 해서 '휘(諱)'라고 한다. 그래서 근래 우리들이 가까운 친척 어른들의 이름을 잘 모르는 경우가 많은 이유도 여기에 있는 것이다.

게다가 한비자는 젊은 시절 이사(李斯)와 더불어 순자(荀子)를 섬겨 배웠다. 앞서 언급하였지만, 진시황이 중국 최초의 통일왕조를 세우고 분서갱유를 실시하여 많은 유학자들을 생매장하고 유가의 전적들을 불태우면서 유가가 대대적으로 탄압을 받은 적이 있었다. 이들에 대하여 새로운 평가가 필요하겠지만, 여하튼 이러한 일련의 사건을 주도하였던 이가 진시황을 도왔던 이사이며, 그러한 통일사업의 이론적인 근간을 보탠 사상이 법가이다 보니, 한비자는 물론이고 그들의 스승이었던 순자까지 유가로부터 원망을 사지 않을 수 없었던 것이다. 이로부터 순자와 한비자가 중국의 역사와 문화사에서 왜곡된 평가를 당하게 되는 계기가 되었던 것이다.

한비자의 죽음을 재촉한 『한비자』

한비자는 비록 순자에게서 배웠지만, 유가에 머무르지 않고, 당시 제자백가의 여러 사상을 두루 포괄하여 법가 사상으로 집대성하였다. 그의 학술 사상이 담겨 있는 『한비자』 역시 앞선 제자백가의 저술과는 또 다른 측면에서 독특하다.

『사기』에는 한비자가 어려서부터 말더듬이라서 말은 잘하지 못했지만, 글은 잘 지었다고 한다. 게다가 젊은 시절부터 뛰어난 정치적 식견과 학문을 지녔는데, 이로 인하여 오히려 당시 한(韓)나라 조정의 다른 신하들로부터 견제를 당하는 처지에 빠지게 되었다. 여기에다가 말솜씨가 없었기 때문에 조정에서 한(韓)나라 왕에게도 무시당하기 일쑤였다. 그래서 대개의 제자백가들이 정치 활동을 마치고 노년에 학생들을 가르치면서 저술을 시작했던 것과 달리 한비자는 젊은 시절부터 자신의 학술 사상을 글로 정리하여서 일찍부터 세간의 주목을 받았다.

아직 황제에 즉위하기 전이었던 진왕(秦王)은 한비자가 쓴 「고분(孤憤)」편과 「오두(五蠹)」편의 글을 보고는 "아하, 과인이 이 사람과 함께 어울릴 수 있다면, 죽어도 한이 없겠다"라고 할 정도로 한비자의 식견과 글쓰기만큼은 남다른 재주를 가지고 있었다. 「고분」편은 능력 있는 자가 세상에 제대로 쓰이지 못해 분개한다는 내용이고, 「오두」편은 나라를 좀 먹는 다섯 종류의 좀벌레를 일컬어서 그들의 폐단을 적나라하게 지적한 것이다.

진왕은 한나라에 쳐들어가겠다는 거짓 소문을 냈고, 이 소문 때문에 두려움에 떨던 한나라 왕은 별수 없이 한비자를 사신으로 진나라에 보냈다. 하지만 진나라에서 이미 진왕에게 신임을 받아 벼슬을 하고 있었던 그의 친구 이사는 자신의 능력이 한비자만 못하다는 것을 잘 알고 있었기 때문에 진왕에게 농간을 부려서 한비자에게 사약을 내려 죽게 하였다.

이때 한비자는 이사에게 진왕을 만나 설득할 기회를 달라고 거듭 애원하였지만, 친구 이사는 매정하게 거절하였다. 왜냐하면 한비자의 진면목을 진왕이 알아차리게 되면, 한비자가 자신의 정치인생에 방해가 될 것이라고 걱정하였기 때문이었다. 이렇듯 예나 지금이나 정치판에 음모와 모략이 횡행하는 일은 사라지지 않는가 싶기도 하다.

유가의 낡은 이상주의는 버려야

한비자는 자기와 같은 인재가 옳게 등용되지 못하고, 당시 겉으로 번지르르하게 말만 내세우는 유가의 인사들이 중책을 맡는 것에 불만을 품고 있었다. 모름지기 정치제도는 변화하는 시대적 상황과 함께 반드시 변화되어야 하는데, 유가처럼 과거의 낡은 제도에 집착해서는 안 된다고 여겼다. 사회의 풍습이니 제도에는 절대적인 도덕적 가치가 있는 것이 아니라 그 사회의 경제적인 여건에 따라서 변화할 줄 알아야 하며, 정치제도 역시 그것과 함께 조정되어야 한다는 것이다.

공자는 요순(堯舜)의 시대가 이상적이라고 높이 숭상하였지만, 요순 시대는 실제로 신석기 시대 끝 무렵의 원시사회와도 같은 소박한 단계에 불과하니, 당시와 같이 복잡다단한 변혁을 겪는 시대에서 검증할 수도 없는 그 옛날로부터 무엇을 어찌 배울 것이 있겠냐고 반문하였다. 그러므로 유가에서 중시하는 인의예지와 같은 덕목이 겉보기에는 그럴듯하지만, 그것들은 다만 지나간 과거의 버려야 할 유물에 지나지 않는다고 하였다. 한비자는 이것을 빗대어서 재미난 고사성어를 들었다.

어느 성격이 꼼꼼한 젊은이가 신발을 사려고 시장에 가기 전에 자기의 발 길이를 끈으로 재어 두었다. 그런데 막상 신발가게에 도착하여서야 미리 재어 두었던 끈을 집에 두고 왔다는 것을 깨닫고, 그 끈을 가지러 집으로 갔다가 다시 신발가게에 도착해 보니, 가게 문은 이미 닫혀 있더라는 이야기이다.

오늘날 우리들은 흔히 지난 과거는 무조건 아름다웠다고 회상하는 경향이 없지 않다. 마치 수주대토(守株待兎)하는 농부와 마찬가지로 아무런 노력 없이 우연히 얻었던 지난날의 이익을 또다시 얻고자 바라는 것은 어리석을 따름이라고 하였다. 한비자는 역사의 진보를 믿고, 과거의 제도나 예법 등에 얽매여서 정체되어서는 안 된다고 보았다. 마치 새 술은 새 부대에 담아야 하듯이, 지난 과거에는 지난 시대에 맞는 이념이 있는 것이고, 새로운 시대에는 역시 새로운 시대 이념이 있어야 한다고 보았다.

새로운 시대의 이념, 법(法)

우리는 종종 교통경찰로부터 법규를 위반하였다고 하여서 부과된 과징금 딱지를 받아 들고는 짜증이 확 나는 때가 있다. 그저 살짝 위반한 것인데, 어째 오늘 재수가 없다 보니, 걸려들었다고 생각하기 십상이다. 오늘날 우리 사회에는 구석구석 사질구레한 일 하나하나에까지 법이 미치지 않는 데가 없다. 이렇듯 법에 의한 통치를 펴야 한다고 주장하는 학파가 한비자의 법가이다. 물론 한비자는 이전의 상앙(商鞅), 신불해(申不害), 신도(愼到) 등의 법가와 관련된 여러 사상을 결합하여 법가 사상 체계를 집대성하였다.

어쩌면 이 세상에 나만 살고 있다면, 법이란 것은 존재할 필요가 없을 것이다. 나와 너를 비롯한 많은 사람들이 사회라는 모임을 이루고 살다 보니까 각자 바라거나 꺼리는 것이 대개는 비슷하기 마련이다. 그래서 좋은 것은 서로 갖겠다며 싸우고, 나쁘고 싫은 것은 서로 하지 않겠다고 미루면서 씩씩대며 충돌하기 때문에 이 모든 것을 조절하기 위해 법이 필요하다.

그래서 이것이 순자의 성악론에서 인간의 품성이 악하게 되는 이유라고 들었던 것이며, 인간을 태어난 상태 그대로 두면 그냥 악해지는 것이라고 보았다. 이러한 순자에게서 배운 한비자 역시 오로지 세상은 이익을 추구하는 인간의 욕구가 사회관계를 주도한다고 여겼다. 순자가 예(禮)로써 그것들을 제재해야 한다고 말한 것에 반하여 한비자는 강제적인 법을 통해서 그러한 인간의 욕구를 제재해야 한다고 하였다.

그래서 한비자는 사람들이 사내아이를 낳으려는 이유가 나중에 아들 덕에 편해질까 하는 이익을 계산해서이고, 수레 만드는 장인은 수레를 팔아 이익을 얻기 위해서 사람들이 부귀해지기를 바라고, 관을 짜는 장인은 관을 팔아 이익을 얻기 위해서 사람들이 일찍 죽기를 바라고, 일꾼을 부리는 주인이 일꾼에게 잘 대해 주는 것은 일꾼에게 좀 더 열심히 일하게끔 감동을 주기 위한 것일 뿐이지, 유가에서 말하는 것처럼 결코 마음속 깊이 우러나오는 충성스런 마음이란 본디 없는 것이라고 한다.

곧은 화살이나 둥근 수레바퀴가 아무런 가공이 없이 만들어지는 것이 아니듯이, 칼은 숫돌에 간 다음에야 날이 날카로워지듯이, 인간이 타고나는 마음도 그 스스로 선한 품성을 갖추고 있는 것이 아니라 학습을 통해서 품덕을 쌓아야 하고, 법과 같은 제재 수단을 통해야만 사회도 잘 다스려지게 된다고 한다.

한비자는 법이 있어야 하는 이유를 설명하기를, 길거리에

금 한 덩이가 떨어져 있다면 아마 서로 가지려고 피 터지게 싸우는 것을 마다하지 않을 것이지만, 그것이 용광로 안에서 지글지글 끓고 있다면 누구도 그것을 집어갈 수 없을 것이라고 한다. 법이란 마치 이 용광로와 같이 사람들의 보편적인 욕구를 억제하는 역할을 하는 것이어야 한다는 것이다.

오늘날 우리들은 법(法)자가 '물 수(水)'자와 '갈 거(去)'자가 합하여 있다고 해서 법이 물이 흘러가듯이 자연스러워야 한다고 풀이하기도 한다. 하긴 법이 너무 엄하거나 무거우면 국민들이 거부하거나 반항할 수도 있을 것이니 틀린 말은 아니다.

그렇지만 『설문해자』에서 법(法)자의 의미를 물과 같이 공평해야 하고, 바르지 못한 이를 제거하는 것이라고 풀이하였다. 이것은 물이 어떤 그릇에 담기든지 간에 늘 평평하게 있으려는 성질을 빗댄 것이고, 거(去)자가 '제거한다'는 뜻으로 쓰였다는 것을 지적한 것이다.

오늘날 여전히 '유전무죄, 무전유죄'를 뇌까리며, 법치사회의 근간을 자꾸 흔들어 대는 일들이 심심치 않게 터져 나오고 있다. 하지만 그래도 우리의 법원 앞마당에는 누구에게나 평등하게 법을 실행하겠다는 의지를 내보이며, 법의 여신인 디케(Dike)가 눈을 가리고 한 손에는 저울을 들고 다른 한 손에는 칼을 들고 굳건히 서 있는 이유를 되새겨야 할 것이다.

참고문헌

국학정리사 편,『제자집성(諸子集成)』, 중화서국, 1986.

나카다 히데마사(永田英正) 편, 박건주 역,『아시아 역사와 문화』, 도 서출판 신서원, 1996.

로사광(勞思光),『중국철학사』, 삼민서국, 1982.

마크 에드워드 루이스, 최정섭 옮김,『고대 중국의 글과 권위』, 도서출 판 미토, 2006.

문승용,『중국 고전의 이해』, 한국외대출판부, 2004.

문승용,『중국 역사와 문화 들여다보기』, 한국외대출판부, 2012.

부락성(傅樂成), 신승하(辛勝夏) 역,『중국통사』, 우종사, 1981.

사마천(司馬遷) 찬,『사기(史記)』, 중화서국(中華書局), 1982.

원행패(袁行霈) 주편,『중화문명사(中華文明史)』, 북경대학출판사,1 2007.

존 킹 페어뱅크,『동양문화사』, 을유문화사, 1989.

주희(朱熹) 찬,『사서장구집주(四書章句集注)』, 중화서국, 1995.

중국북경대철학과연구실 역,『중국철학사』, 자작아카데미, 1994.

풍우란(馮友蘭) 지음, 정인재 옮김,『중국철할사』, 형설출판사, 2013.

허신(許愼) 찬, 단옥재(段玉裁) 주,『설문해자주(說文解字注)』, 여명 문화사업, 1986.

중국 고전 이야기

펴낸날	**초판 1쇄 2014년 7월 31일**

지은이	**문승용**
펴낸이	**심만수**
펴낸곳	**(주)살림출판사**
출판등록	1989년 11월 1일 제9-210호

주소	경기도 파주시 광인사길 30
전화	031-955-1350　팩스　031-624-1356
기획·편집	031-955-4671
홈페이지	http://www.sallimbooks.com
이메일	book@sallimbooks.com

ISBN	978-89-522-2904-5　04080

이 도서의 국립중앙도서관 출판시도서목록(CIP)은 서지정보유통지원시스템 홈페이지
(http://seoji.nl.go.kr)와 국가자료공동목록시스템(http://www.nl.go.kr/kolisnet)에서
이용하실 수 있습니다.(CIP제어번호: CIP2014021736)

책임편집　**박종훈**

026 미셸 푸코   eBook

양운덕(고려대 철학연구소 연구교수)

더 이상 우리에게 낯설지 않지만, 그렇다고 손쉽게 다가가기엔 부담스러운 푸코라는 철학자를 '권력'이라는 열쇠를 가지고 우리에게 열어 보여 주는 책. 권력은 어떻게 작용하는가에서 논의를 시작하여 관계망 속에서의 권력과 창조적·생산적·긍정적인 힘으로서의 권력을 이야기해 준다.

027 포스트모더니즘에 대한 성찰   eBook

신승환(가톨릭대 철학과 교수)

포스트모더니즘의 역사와 논의를 차분히 성찰하고, 더 나아가 서구의 근대를 수용하고 변용시킨 우리의 탈근대가 어떠한 맥락에서 이해되는지를 밝힌 책. 저자는 오늘날 포스트모더니즘으로 대변되는 탈근대적 문화와 철학운동은 보편주의와 중심주의, 전체주의와 이성 중심주의에 대한 거부이며, 지금은 이 유행성의 뿌리를 성찰해 볼 때라고 주장한다.

202 프로이트와 종교   eBook

권수영(연세대 기독상담센터 소장)

프로이트는 20세기를 대표할 만한 사상가이지만, 여전히 적지 않은 논란과 의심의 눈초리를 받고 있다. 게다가 신에 대한 믿음을 빼앗아버렸다며 종교인들은 프로이트를 용서하지 않을 기세이다. 기독교 신학자인 저자는 이 책을 통해 종교인들에게 프로이트가 여전히 유효하며, 그를 통하여 신앙이 더 건강해질 수 있다는 점을 보여 주려 한다.

427 시대의 지성 노암 촘스키   eBook

임기대(배재대 연구교수)

저자는 노암 촘스키를 평가함에 있어 언어학자와 진보 지식인 중 어느 한 쪽의 면모만을 따로 떼어 이야기하는 것은 불합리하다고 말한다. 이 책에서는 촘스키의 가장 핵심적인 언어이론과 그의 정치비평 중 주목할 만한 대목들이 함께 논의된다. 저자는 촘스키 이론과 사상의 본질에 다가가기 위한 이러한 시도가 나아가 서구 사상을 받아들이는 우리의 자세와도 연결된다고 믿고 있다.

024 이 땅에서 우리말로 철학하기

이기상(한국외대 철학과 교수)

우리말을 가지고 우리의 사유를 펼치고 있는 이기상 교수의 새로운 사유 제안서. 일상과 학문, 실천과 이론이 분리되어 있는 '궁핍의 시대'에 사는 우리에게 생활세계를 서양학문의 식민지화로부터 해방시키고, 서양이론의 중독으로부터 벗어나야 한다고 역설한다. 저자는 인간 중심에서 생명 중심으로의 변화와 관계론적인 세계관을 담고 있는 '사이 존재'를 제안한다.

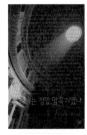

025 중세는 정말 암흑기였나　eBook

이경재(백석대 기독교철학과 교수)

중세에 대한 친절한 입문서. 신과 인간에 대한 중세인의 의식을 다루고 있는 이 책은 어떻게 중세가 암흑시대라는 일반적인 인식을 가지게 되었는지에 대한 물음을 추적한다. 중세는 비합리적인 세계인가, 중세인의 신앙과 이성은 어떠한 관계를 갖고 있는가 등에 대한 논의를 하고 있다.

065 중국적 사유의 원형　eBook

박정근(한국외대 철학과 교수)

중국 사상의 두 뿌리인 『주역』과 『중용』을 철학적 관점에서 접근한다. '산다는 것은 무엇인가?'라는 근원적 질문으로부터 자생한 큰 흐름이 유가와 도가인데, 이 두 사유의 흐름을 거슬러 올라가다 보면 그 둘이 하나로 합쳐지는 원류를 만나게 된다. 저자는 『주역』과 『중용』에 담겨 있는 지혜야말로 중국인의 사유세계를 지배하는 원류라고 말한다.

076 피에르 부르디외와 한국사회　eBook

홍성민(동아대 정치외교학과 교수)

부르디외의 삶과 저작들을 통해 그의 사상을 쉽게 소개해 주고 이를 통해 한국사회의 변화를 호소하는 책. 저자는 부르디외가 인간의 행동이 엄격한 합리성과 계산을 근거로 행해지기보다는 일정한 기억과 습관, 그리고 사회적 전통에 영향을 받는다는 사실로부터 시작한다는 점을 강조한다.

096 철학으로 보는 문화 eBook

신응철(숭실대 인문과학연구소 연구교수)

문화와 문화철학 연구에 관심 있는 사람을 위한 길라잡이로 구상된 책. 비교적 최근에 분과학문으로 등장하기 시작한 문화철학의 논의에 반드시 들어가야 할 요소를 선택하여 제시하고, 그 핵심 내용을 제공한다. 칸트, 카시러, 반 퍼슨, 에드워드 홀, 에드워드 사이드, 새무얼 헌팅턴, 수전 손택 등의 철학자들의 문화론이 소개된다.

097 장 폴 사르트르 eBook

변광배(프랑스인문학연구모임 '시지프' 대표)

'타자'는 현대 사상에 있어 가장 중요한 개념 중 하나이다. 근대가 '자아'에 주목했다면 현대, 즉 탈근대는 '자아'의 소멸 혹은 자아의 허구성을 발견함으로써 오히려 '타자'에 관심을 갖게 되었다. 그리고 타자이론의 중심에는 사르트르가 있다. 사르트르의 시선과 타자론을 중점적으로 소개한 책.

135 주역과 운명 eBook

심의용(숭실대 강사)

주역에 대한 해설을 통해 사람들의 우환과 근심, 삶과 운명에 대한 우리의 자세를 말해 주는 책. 저자는 난해한 철학적 분석이나 독해의 문제로 우리를 데리고 가는 것이 아니라 공자, 백이, 안연, 자로, 한신 등 중국의 여러 사상가들의 사례를 통해 우리네 삶을 반추하는 방식을 취한다.

450 희망이 된 인문학 eBook

김호연(한양대 기초·융합교육원 교수)

삶 속에서 배우는 앎이야말로 인간의 운명을 바꿀 수 있는 기회를 준다. 그래서 삶이 곧 앎이고, 앎이 곧 삶이 되는 공부를 하는 것이 무엇보다 중요하다. 저자는 인문학이야말로 앎과 삶이 결합된 공부를 도울 수 있고, 모든 이들이 이 공부를 할 수 있어야 한다고 믿는다. 특히 '관계와 소통'에 초점을 맞춘 인문학의 실용적 가치, '인문학교'를 통한 실제 실천사례가 눈길을 끈다.

eBook 표시가 되어있는 도서는 전자책으로 구매가 가능합니다.

㈜살림출판사

www.sallimbooks.com

주소 경기도 파주시 문발동 522-1 | 전화 031-955-1350 | 팩스 031-955-1355